FRACASO

...unda série.—Tercer artículo

con éxit., numéricos oficiales que el presupuesto de 1903-904, se...
... c'tro, es mayor que el de 1897-98 con todas esos gastos.

PUN

INDEPENDENC

L.

AÑO XVIII Número 4,912

DISC

LA DEMOCRACIA.
DIARIO DE LA TARDE.

San Juan, P. R. Lunes 15 de septiembre de 1,913.

TELEFONO, NUMERO 49

...roblema de Puerto-Rico

DIVERSOS ASUNTOS	ULTIMOS CABLES	NOTICIAS GE...

DIVERSOS ASUNTOS

Fallecimiento de una apreciable y estimada señora en el barrio de Puerta de Tierra.

JUANA FERNAN-
DEZ DE GARCIA.

ULTIMOS CABLES

Muere el Representante Sr. Es-
tinez.— Trae dos años
en cadáver de sepultos.

**TERRIBLE TUR-
BION EN GOLDFIELD.**

El Ministro del Salvador en Estados
Unidos.—Asesinato del ex-
habido en Bélgica.

LA PESTE BUBONICA.

El autonomismo puertorriqueño

Colección Semilla

el autonomismo puertorriqueño

su transformación ideológica (1895-1914)

la prensa en el análisis social
La Democracia de puerto rico

mariano negrón-portillo

colección

semilla

1981

ediciones huracán

Primera edición: 1981

Portada y diseño gráfico: José A. Peláez
Al cuidado de la edición: Carmen Rivera Izcoa

©Ediciones Huracán, Inc.
Ave. González 1002
Río Piedras, Puerto Rico

Impreso y hecho en Estados Unidos de América/
Printed and made in United States of America

Número de catálogo Biblioteca del Congreso/
Library of Congress Catalog Number: 81-70981

ISBN: 0-940238-65-9

A Ada, Marianne y Frances

El autor desea expresar su agradecimiento a los compañeros del Centro de Investigaciones Sociales, particularmente a Rafael Corrada Guerrero, por sus valiosos comentarios sobre este trabajo, que se realizó como un proyecto de investigación del Centro. El autor también desea expresar su agradecimiento a los compañeros Gervasio L. García y Raúl Mayo Santana por sus importantes observaciones críticas.

INTRODUCCION

El objetivo de este estudio es examinar la ideología del reformismo autonomista colonial entre 1895 y 1914, teniendo como fuente principal al periódico La Democracia, *órgano ideológico del partido político identificado con el grueso de los sectores puertorriqueños dirigentes. Dicho partido tuvo diferentes nombres en el período señalado: Autonomista, Liberal, Federal y, por último, Unión.*

El presente trabajo se inició con el propósito de examinar los temas comentados con más frecuencia en el periódico y que, generalmente estaban relacionados con las estructuras políticas y económicas de la sociedad. Posteriormente se consideró conveniente incluir en el análisis los temas de contenido específicamente social, los cuales se comentan en el periódico sólo ocasionalmente pero que, por su importancia, permiten captar la cosmovisión del periódico. Como aspec-

to fundamental del análisis, se intentó explicar dicha visión estableciendo la relación de la misma con la situación del Partido y dentro de los procesos dinámicos que ocurrieron en Puerto Rico durante 1895-1914. En esta forma se trató uno de los asuntos fundamentales de estudio de la sociología esto es, el estudio de la superestructura, en particular una ideología, una corriente de pensamiento social.

Para el análisis de la fuente principal del estudio, el periódico La Democracia, se utilizaron principalmente dos categorías: la determinación de los temas tratados y su frecuencia, y el análisis de valores, actitudes, opiniones, etc. El análisis se llevó a cabo utilizando una muestra. Se examinó minuciosamente un ejemplar de cada semana durante el período de 1895 a 1914. Se examinaron todos los artículos publicados (en la muestra) con excepción de las columnas noticiosas, comentarios sobre la situación internacional o sobre literatura y otros artículos que no trataban temas relacionados en alguna forma con Puerto Rico. Si bien se reconoce que dichas columnas podrían tener algún contenido ideológico relevante, las mismas fueron excluídas del estudio por limitaciones de tiempo y recursos.

El período de 1895 a 1914 fue selecionado por el interés particular del autor en examinar, especialmente a través de La Democracia, la visión del reformismo puertorriqueño durante los últimos años de dominación española y los primeros quince *años de dominación norteamericana en Puerto Rico. En estos años, particularmente bajo el régimen norteamericano, ocurren unas transformaciones aceleradas que afectan radicalmente las estructuras sociales en el país y que tienen, además, un profundo impacto en el nivel ideológico.*

La Democracia

La prensa política tuvo una importancia notable en Puerto Rico a partir de la última parte del siglo diecinueve, y llegó a constituirse eventualmente en la prensa principal del país. Esta prensa apareció con más fuerza en la década de 1870, cuando, precisamente, los grandes terratenientes y los estratos medios criollos van alcanzando un mayor poder económico y social en el país y pasan a confrontar más abiertamente a sus enemigos de clase, los terratenientes y comerciantes españoles y la burocracia colonial. En la última década del siglo, *La Democracia* hubo de convertirse en el principal instrumento de expresión ideológica del partido político de los criollos (Autonomista), frente a otros periódicos como *La Integridad Nacional* y *El Boletín Mercantil* que defendían las posiciones de los aliados locales, y beneficiarios del colonialismo español. Luego de la invasión norteamericana, la prensa política continuó siendo un importante medio de difusión ideológica y *La Demo-cracia* permaneció como el más importante órgano del principal partido del país (Federal, Unión en 1904).

La Democracia fue fundada por Luis Muñoz Rivera el 1ro. de julio de 1890 en la ciudad de Ponce. En esta ciudad se publicó hasta septiembre de 1900, cuando fue trasladada a Caguas. En Caguas se publicó hasta abril de 1904, fecha en que pasó a San Juan donde estuvo radicada por varias décadas.[1] Como se ha señalado, el periódico fue, desde entrada la última década del pasado siglo, el más importante órgano ideológico del partido identificado con el grueso de los grandes terratenientes criollos y los estratos medios aliados.[2] En varias ocasiones *La Democracia* misma señaló su relación estrecha con el Partido. Por ejemplo, en 1901 se mencionaba que el Directorio del Partido (para en-

1 Antonio S. Pedreira. *Historia del periodismo en Puerto Rico.* Río Piedras, Editorial Edil, 1964, p. 252.

2 Los estudios sobre las clases y estratos sociales puertorriqueños dirigentes y el Partido Autonomista y Liberal bajo España y Federal y Unión bajo Estados Unidos están aún por hacerse. Muy poco sabemos de ambos. En cuanto a la clase de los terratenientes, desconocemos el "peso", o la importancia de los diferentes grupos o fracciones que formaban parte de la misma en distintos momentos de nuestro proceso histórico. ¿Cuál era el "peso" de los terratenientes del café? ¿De los terratenientes de caña? ¿De los terratenientes-comerciantes? En cuanto a los estratos medios, mucho hay que investigar sobre los profesionales, los medianos comerciantes, etc. Respecto al Partido existen muchas interrogantes. Por ejemplo, ¿cuál era el rol y la importancia de los sectores medios? ¿Cuánta autonomía tenía el Partido frente a los propietarios? ¿Cuál era el rol de los terratenientes de caña en el mismo? ¿Cuánta influencia tenían los pequeños agricultores? ¿Constituían los cafetaleros una fuerza políticamente más orientada hacia la

tonces llamado Federal) y *La Democracia* marchaban en perfecto acuerdo:

> La Democracia es la que tiene mayor existencia en la opinión federal... Ni el Directorio, ni la Democracia capitanean grupos de federales. Tanto ésta como aquel marchan de perfecto acuerdo, y el partido les sigue...[3]

El periódico no constituyó un instrumento de vanguardia ni una institución con notable autonomía o independencia, sino que, en términos generales, se nutría del sentir del Partido y defendía, a su manera particular, las posiciones políticas del mismo.

Los intelectuales

De 1895 a 1914 escribieron principalmente para *La Democracia* un grupo de intelectuales, algunos de ellos prominentes, asociados con el Partido. Se dice principalmente, porque también colaboraron ocasionalmente dirigentes del Partido y otras personas. Entre los intelectuales se destacan Luis Muñoz Rivera, Mariano Abril, Luis Rodríguez Cabrero, Eugenio Astol, Vicente Palés, Quintín y José Negrón Sanjurjo y Luis Bonafoux. La asociación de estos intelectuales con el pe-

afirmación nacional que los terratenientes de la caña? ¿Cuáles eran las coincidencias y las diferencias entre ambos?

3 "Tarea inútil", *La Democracia*, 25 de julio de 1901, p. 3.

riódico tuvo sus variaciones, dependiendo de las circunstancias personales. Unos, como Mariano Abril y Rodríguez Cabrero, estuvieron asociados con el periódico consecuentemente y por largos años. Otros, como Vicente Palés, escribían ocasionalmente para el mismo, mientras que otros, como Bonafoux, escribieron consecuentemente pero sólo por un período de varios años.

El aspecto más evidente de la vinculación de los intelectuales con el Partido se observa en el desempeño de éstos en puestos electivos o administrativos. Si bien la mayoría de los intelectuales se convirtieron en periodistas y escritores por vocación, y algunos ejercieron profesiones como el magisterio, varios de ellos fueron reclutados para ocupar los puestos mencionados. A manera de ejemplo, se puede señalar a Mariano Abril, quien fue seleccionado por el Partido para ocupar una posición en la Cámara de Delegados en 1904 y en el Senado en 1917 y 1920. Quintín Negrón Sanjurjo fue, durante el Gobierno Autonómico, Contralor de las aduanas de Ponce y Jefe del Negociado de la Secretaría de Gobernación.

La relación de estas personas con el periódico nunca fue casual. No se trataba de unos intelectuales a sueldo o algo por el estilo. Estas personas colaboraron con un periódico que sufrió muchas dificultades económicas y que se enfrentó a enemigos poderosos. El vínculo era claramente ideológico. Se trataba de unas personas de sectores medios, socialmente "distinguidos",[4] que habían recibido las mejores oportunidades educativas,[5] y que desarrollaron una visión de mundo muy conforme con la ideología política del Partido. Por ejemplo, su familiaridad con el liberalismo europeo, tan importante en la ideología del Partido hasta la invasión norteamericana y el proceso de su adhesión al mismo parece haber ocurrido de diversas maneras: viajes a Europa donde algunos estudiaron o trabajaron,[6] participación en círculos intelectuales,[7] lecturas de pensadores como Renán, Víctor Hugo, Barbier y otros,[8] acceso a la prensa criolla y participación en círculos literarios y políticos organizados por personas asociadas con el Partido que en ocasiones eran sus propios familiares.[9]

4 Por ejemplo, los padres de Luis Rodríguez Cabrero eran terratenientes de Río Piedras. Sus hermanos, al igual que él, fueron enviados a cursar estudios universitarios fuera del país. Uno estudió medicina y otro ingeniería. Rodríguez abandonó sus estudios de medicina en España y se dedicó al periodismo. Véase Lidia Fiol Bigas. *Luis Rodríguez Cabrero: vida y obra*. Tesis inédita, Universidad de Puerto Rico, 1944, pp. 6-9.

5 Mariano Abril, José Negrón Sanjurjo, Luis Bonafoux y Rodríguez Cabrero estudiaron en el Colegio de Jesuítas. Estos dos últimos también cursaron estudios en España, donde Bonafoux se graduó de abogado.

6 Como fue el caso de Rodríguez Cabrero, Abril y Muñoz Rivera.

7 Por ejemplo, Eugenio Astol fue Vicepresidente del Ateneo Puertorriqueño y Presidente de la Sección de Literatura.

8 Bien conocida es, por ejemplo, la influencia de Renán en Vicente Palés. Barbier influyó en Muñoz Rivera y José Negrón Sanjurjo. Véase Cesáreo Rosa Nieves. *La poesía en Puerto Rico*. San Juan, Editorial Edil, 1969, p. 69.

9 El hogar de los Negrón Sanjurjo en Barranquitas era centro de

Veamos a continuación cómo estos intelectuales vieron, a través de *La Democracia*, el proceso social de Puerto Rico entre 1895 y 1914.[10]

Hacia el gobierno propio, 1895-1897[11]

Los últimos años de la dominación española en Puerto Rico se caracterizaron por una considerable actividad política por parte de los sectores criollos dirigentes, quienes, en su mayoría, respaldaban desde una perspectiva liberal, la idea del gobierno propio para el país. Los criollos se enfrentaban a la tenaz oposición de las fuerzas políticas conservadoras de la metrópoli y, localmente, al aparato burocrático español y a sus aliados del Partido Incondicional, representante de los te-

reunión de las personas de ideas afines en arte, literatura y política. Véase Angel Mergal. *José A. Negrón Sanjurjo: su tiempo, su vida y su obra.* Tesis inédita, Universidad de Puerto Rico, 1940, p. 6.

10 Hay que reconocer que el estudio de los intelectuales y su relación con el periódico tendría una mayor fuerza si se pudiera llevar el análisis hasta los autores específicos y así ver, por ejemplo, si había asuntos particulares del interés de aquellos que laboraron permanentemente en el periódico o de aquellos que lo hacían esporádicamente, al igual que ver si había algunas posiciones diferentes entre ellos. Sin embargo, esto resultó prácticamente imposible de llevar a cabo. En el periódico, generalmente no se identificaba a los autores de los artículos o, en algunas ocasiones, se utilizaban seudónimos (algunos de los cuales pudimos identificar). Si bien, mediante el uso de ciertas fuentes y entrevistas, se pudo construir un cuadro general de la colaboración de intelectuales por períodos, no se pudo ir más allá y formar un cuadro detallado por autores que permitiera hacer el tipo de análisis arriba indicado. Se acepta que ésta es una de las limitaciones del estudio.

11 Los períodos en que se subdivide el análisis y cuya presentación aparece bajo diferentes subtítulos responden a la posición cambiante del periódico.

rratenientes y comerciantes españoles que operaban en Puerto Rico y quienes constituían la clase dominante en el país.

En estos años, *La Democracia* funcionó como un órgano importante del Partido Autonomista, o Liberal, como pasó a llamarse a comienzos del 1897. Los esfuerzos del periódico se dirigieron a defender la idea del gobierno propio para el país y a confrontar ideológicamente a los enemigos de este objetivo político. Estas posiciones iban acompañadas, además, por una visión angustiosa de la situación del campesinado, de las masas, del pueblo puertorriqueño. *La Democracia*, como órgano de un partido imbuído en el liberalismo y asociado con los sectores criollos dirigentes (en un momento de ascenso en su trayectoria histórica), se consternaba con la miseria social del pueblo. Se trataba de unas posiciones, que aunque negativas por partir de una visión de clase, de una visión de superioridad, de líderes, no tenían ninguna relación con la visión idealizada del campesino que han sustentado diferentes escritores del presente siglo.[12] Era una consternación con una base real, pero que constituía fundamentalmente un mecanismo ideológico de un partido que había logrado hacer ver que sus intereses representaban los intereses de todo el pueblo. Y se le señalaban al pueblo co-

12 José Luis González. "Literatura e identidad nacional en Puerto Rico", en Angel Quintero Rivera, *et al, Puerto Rico: identidad nacional y clases sociales.* Río Piedras, Ediciones Huracán, 1979, pp. 45-79.

mo enemigos a los enemigos del Partido, tales como: la burocracia, los comerciantes españoles, los incondicionales y otras instituciones como la Iglesia Católica, que fue duramente criticada por *La Democracia*. Si bien, como se ha señalado, la clase dominante española incluía un número considerable de grandes terratenientes, el periódico tendía a caracterizar a esta clase como una de comerciantes, quizás porque los comerciantes españoles fueron quienes más visiblemente antagonizaron a los criollos.

Durante esos años de 1895 a 1897, las condiciones se hicieron cada vez más propicias para que el Partido Autonomista, luego Liberal, alcanzara un sistema de gobierno propio para Puerto Rico. Las luchas políticas internas, la guerra de independencia en Cuba y la posibilidad de un conflicto entre España y Estados Unidos ejercían una fuerte presión para que la metrópoli concediera reformas a Puerto Rico.

Los comentarios más frecuentes que se hicieron en *La Democracia* en ese período, iban dirigidos a exhortar a la lucha política y a criticar a la metrópoli por no atender las necesidades políticas del país. En ocasiones se sugieren concentraciones de autonomistas,[13] y la organización de comités a nivel municipal para luchar teniendo como ejemplo la tenacidad del pueblo irlandés frente al co-

13 *La Democracia*, 31 de enero de 1895, p. 2.

lonialismo inglés.[14] Expresiones éstas, que en más de una ocasión, poseían cierto sentimiento nacionalista que se refería a la "personalidad" puertorriqueña:

Los años no pasan en balde sobre los pueblos, impulsándolos siempre hacia la verdad y la justicia. Se hará la luz allá [España] y aquí; se amenguará la insensata mala voluntad con que miran los intransigentes nuestras manifestaciones y llegaremos al fin, a la posesión completa de nuestra personalidad.[15]

La posición de *La Democracia* a favor del gobierno propio, fue más allá de los límites de Puerto Rico como colonia española. Las posiciones del periódico ante la guerra cubana de independencia eran de solidaridad con los autonomistas cubanos, de oposición a la guerra y de crítica fuerte a la intransigencia española durante el conflicto. En una ocasión, se llegó a señalar, que el independentismo cubano era consecuencia del régimen injusto que existía en ese país.[16] La solución del conflicto, entendía *La Democracia*, radicaba en la concesión de reformas políticas a Cuba, por lo que el periódico dio siempre su apoyo al General Martínez Campos, quien fuera por un tiempo jefe de las fuerzas militares españoles en Cuba y quien res-

---

14 *La Democracia*, 6 de febrero de 1895, p. 2.
15 "El objetivo", *La Democracia*, 28 de mayo de 1896, p. 2.
16 "Perfil del día", *La Democracia*, 12 de febrero de 1895, p. 2.

paldaba las posiciones reformistas. Por eso, al momento de ser despedido de su cargo el general, se comentaba:

...con asombro y estupor se ha recibido aquí la infausta nueva del relevo del general Martínez Campos.[17]

El Partido Autonomista tenía poderosos enemigos tanto en España como en Puerto Rico, y la lucha por el gobierno propio confrontaba numerosos obstáculos. Los comentarios más frecuentes iban dirigidos contra la burocracia española y contra el Partido Incondicional.

El aparato burocrático estaba ocupado mayormente por oficiales españoles que eran muy celosos de sus privilegios y se oponían a los criollos y a sus aspiraciones de obtener un sistema de gobierno propio para el país. Este aparato parece haberse distinguido por no cumplir con sus responsabilidades de fiscalización, por cometer errores en su sistema de contabilidad, por su lentitud, por un reclutamiento fuera de normas y por el pago de salario a funcionarios que no realizaban labor alguna. Además, tenía otra característica muy obvia: su tamaño. Se trataba de un cuerpo de gobierno grande, considerando el poco desarrollo del país, llegando a tener seis mil funcionarios para

17 "Cuba", *La Democracia*, 23 de enero de 1896, p. 2.

fines de siglo.[18]

Cuando las condiciones políticas lo permitían, *La Democracia* no vacilaba en criticar duramente a los burócratas. Las críticas eran varias. Una de ellas iba dirigida contra la persecución de los autonomistas, particularmente de su prensa (*La Democracia* fue intervenida frecuentemente). La libertad de prensa era precisamente uno de los principios básicos del liberalismo, que el Partido había convertido en instrumento ideológico. En distintas ocasiones, el periódico señaló que uno de los objetivos más importantes del Partido era poner fin a la persecución existente en el país.[19] Otro ejemplo de los vicios que se le atribuían a la burocracia española era la corrupción,[20] lo que no debe extrañar, ya que, como se ha mencionado, las malversaciones y los fraudes en que incurrieron algunos funcionarios españoles fueron bien conocidos.

El aparato burocrático complicaba la situación de los autonomistas con su abierto apoyo a los incondicionales. Este apoyo de los burócratas a los grupos conservadores era de esperarse, considerando que éstos últimos le ofrecían a los administradores de la colonia todo su respaldo y se oponían a la implementación de reformas. Mien-

18 Lidio Cruz Monclova. *Historia de Puerto Rico*, Siglo XIX. Tomo III, Río Piedras, Editorial Universitaria, 1964, p. 311.

19 Véase, por ejemplo, "A dónde vamos", *La Democracia*, 23 de febrero de 1895, p. 2.

20 Véase, por ejemplo, Luis Bonafoux, "De París a Ponce", *La Democracia*, 19 de agosto de 1896, p. 2.

tras, el Partido de los criollos se había convertido en una amenaza para la administración del país. Los incondicionales recibían como recompensa burocrática todo tipo de privilegios y favores muy importantes, como el fraude electoral para asegurar la elección de sus candidatos a diferentes posiciones.

Uno de los momentos de mayor euforia en *La Democracia* ocurrió en noviembre de 1897, cuando la aprobación de la Carta Autonómica, que incluía importantes reformas, lucía inminente. Los sectores criollos dirigentes aguardaban tal momento para iniciar el proceso que les permitiría gobernar al país. Uno de los mejores ejemplos del resentimiento de *La Democracia* hacia los administradores coloniales se encuentra en la columna "A diestro y siniestro", del 12 de noviembre de 1897. Su autor, luego de criticar a ciertos funcionarios por enviar un telegrama de apoyo al general Weyler, el despiadado jefe militar español en Cuba, decía lo siguiente:

> Y ahora vamos á ofrecer á los empleados y funcionarios que suscribieron el telegrama á Weyler este botón que encontramos en *La Integridad*.

> Muy pronto todos los destinos se otorgarán en Puerto Rico.

> Y como es natural todos esos empleados que en tertulias y cafés levantan cátedra contra el nuevo régimen, se apresurarán en cuanto lleguen los de-

cretos á dimitir sus cargos.

Porque de otro modo serán dimitidos... Vamos empleaditos: Id preparando vuestras renuncias.[21]

El mensaje era claro: luego de la obtención del gobierno propio todos los funcionarios opuestos a dicha forma de gobierno, que era la gran mayoría, serían expulsados de sus puestos.

A los incondicionales, aliados del aparato colonial, se les combatía dura y frecuentemente. *La Democracia* les criticaba a menudo por su servilismo:

Nuestros adversarios [los incondicionales] tienen, para su uso, procedimientos especialísimos: entre ellos no se analiza: ni se piensa ni se habla: se obedece. Son los obreros del alma pasiva; de la sumisión ciega; de la obediencia inconsciente, sistemática, absoluta.

Carne para la tiranía...

Eslabones de la cadena que ciñe á este país desde hace cinco lustros, les gusta su papel y continúan desempeñándolo.[22]

Muy perceptivas resultaban estas apreciaciones, aunque parece que también reflejaban una visión

21 "A diestro y siniestro", *La Democracia*, 12 de noviembre de 1897, p. 2.
22 "Perfil del día", *La Democracia*, 7 de septiembre de 1897, p. 2.

de superioridad de clase al darle un uso negativo a la palabra obreros. En diferentes ocasiones en nuestra historia, encontramos ejemplos del servilismo de los incondicionales. Patético era el cuadro que éstos ofrecían cuando llegaba un nuevo gobernador al país. De prisa corrían a rendir tributo al nuevo incumbente; además, no perdían oportunidad de ponerse a la disposición de las autoridades del país, cuando ocurría algún incidente controversial, particularmente con los criollos.

Todo esto era de esperarse. Los privilegios que disfrutaban los comerciantes españoles (incondicionales), eran garantizados por la burocracia española. Y *La Democracia* entendía esta relación con mucha claridad. Así lo dejó ver en varias ocasiones como por ejemplo, en julio de 1897, cuando señalaba que:

> Pero vendrá un día, no lo dudeis, vendrá el tío Práxedes [Sagasta] con la rebaja, y quedareis reducidos á lo que en efecto sois y fuisteis; un puñado de comerciantes en telas ó en víveres, que descansa en otro puñado más grande, de burócratas.[23]

La oposición del periódico a los enemigos de clase de los sectores criollos dirigentes no se limitaba a los burócratas y a los comerciantes españoles, sino que se extendía a otras instituciones con-

---

23 "Se os descubre el juego se os ven las cartas", *La Democracia*, 19 de julio de 1897, p. 2.

servadoras como la Iglesia Católica y su clero. A la Iglesia se le consideraba decadente por su fanatismo y ambición de poder. Se señalaba también que la figura de Cristo no debería verse desde la perspectiva católica sino como el primer demócrata:

> ...del primer demócrata, del gran filósofo que echó en el mundo las bases de la verdadera libertad, igualdad y fraternidad de los humanos...[24]

La visión de Cristo como un demócrata relacionado con las ideas de libertad, igualdad y fraternidad, debió haber sido chocante para la clase dominante en el país (los terratenientes y comerciantes españoles) y su Partido Incondicional, pero para la intelectualidad progresista criolla se trataba de un rechazo a la ortodoxia católica y de una apreciación de Cristo más adecuada a su visión liberal de cambio social. Esto se reflejaba también en las altas expectativas que se manifestaban en el periódico sobre los avances de la ciencia y la tecnología, en contraposición a la religión.[25] Adelantos científicos que caracterizaban a los países europeos más desarrollados por los cuales, Francia en particular, el periódico sentía gran admiración. Fue, sin embargo, la intervención de las órdenes religiosas en el proceso educativo lo que pareció haber irritado más a *La Democracia,* lo que no es sorpre-

---

24 "Perfil del día", *La Democracia,* 8 de abril de 1895, p. 2.
25 "Perfil del día", *La Democracia,* 10 de abril de 1895, p. 2.

sivo, ya que la Iglesia era vista como opuesta a la razón. Además, era obvio que si el partido de los criollos aspiraba a controlar la estructura de gobierno, *La Democracia* no podía ver con simpatía que las órdenes religiosas interfirieran con una institución tan importante como la educación. Un incidente refleja esta situación. Ocurrió en 1896, cuando la Junta Municipal de Ponce intentó otorgar un subsidio a una escuela de la orden de los Paúles. *La Democracia* le dedicó al asunto varios artículos de un fuerte contenido crítico. En uno de ellos, se criticó a la Junta por no disponer de fondos para la instalación de un sistema de electricidad en la ciudad, mientras consideraba la posibilidad de subsidiar la mencionada escuela:

> Veremos si los que matan las luces eléctricas se permiten crear las sombras clericales.[26]

En otro artículo se señala que si los Paúles deseaban establecer una escuela, lo hicieran usando sus propios recursos:

> Los intereses del pueblo están por encima de los intereses particulares. Si los Paúles desean establecer un colegio que lo establezcan. Pero que lo sostengan con su peculio y con el estipendio de los alumnos. ¡Nada de gollerías![27]

26 "Economía y despilfarros", *La Democracia*, 28 de mayo de 1896, p. 2.
27 "A diestro y siniestro", *La Democracia*, 1ro. de mayo de 1896, p. 2.

El mensaje era evidente: los intereses del pueblo estaban primero que todo. En la visión cosmopolita que en ese tiempo poseía *La Democracia*, las influencias religiosas se consideraban subordinadas a las necesidades materiales del pueblo.

Para *La Democracia*, la lucha por el gobierno propio o contra la burocracia no se presentaba ligada a los intereses particulares de una clase social o de unos grupos dirigentes. Se decía luchar por los intereses del pueblo. La preocupación de *La Democracia* era el bienestar de todos los puertorriqueños, particularmente las clases más explotadas. Si bien el periódico hacía comentarios sobre situaciones que afectaban a los propietarios criollos (como la falta de buenas carreteras y el uso impropio del presupuesto) y a los dirigentes del Partido (la persecución en particular), los principales señalamientos de contenido social estaban dirigidos a destacar la situación de explotación que sufría el pueblo. Se culpaba a los sistemas económicos y políticos del país por la situación de hambre e ignorancia que sufrían los campesinos. Era una visión del campesino que no tenía nada de romántica. Se hablaba de su debilidad fisiológica, de sus angustias, de su ignorancia, que hacían del campo un mundo de tristeza:

De ahí que en los campos de Puerto Rico reine una tristeza profunda...[28]

28 Véase, por ejemplo: "Perfil del día", *La Democracia*, 4 de junio de 1895, p. 2.

Y este estado de cosas, de acuerdo a *La Democracia*, propiciaba el enriquecimiento de los españoles. Curioso planteamiento, ya que no eran pocos los propietarios criollos que se enriquecían también con el trabajo de los campesinos. Pero, como órgano ideológico, el rol del periódico era precisamente presentar la realidad de una manera que se adecuara a las posiciones del Partido, responsabilizando a sus enemigos por los males del país y presentando al Partido como salvador:

> El Partido Autonomista es el del país, el de los oprimidos, el de los que viven lejos de la administración pública, por la voluntad invariable de los dominadores.[29]

Por esto, el periódico decía que la solución a problemas como la miseria estaba en que la administración del país estuviera en manos de "nuestros hombres":

> Para combatir la miseria necesitamos que venga la administración á manos de nuestros hombres...[30]

"Nuestros hombres" eran, obviamente, las figuras claves del Partido. Y muy cerca estuvieron del poder. El mismo, bajo el liderato de Muñoz Rivera, concertó un pacto con el Partido Libe-

29 "Verdades amargas", *La Democracia*, 15 de enero de 1895, p. 2.
30 "A dónde vamos", *La Democracia*, 23 de febrero de 1895, p. 2.

ral (monárquico) de la metrópoli cuyo líder era Práxedes Mateo Sagasta. Como parte del acuerdo, el Partido Autonomista cambió su nombre a Liberal y respaldó al Partido de Sagasta, que a su vez se comprometió a concederle a Puerto Rico un sistema de gobierno propio cuando obtuviera el poder en la metrópoli.

A pesar de que el pacto fue ratificado en febrero de 1897 en una asamblea del Partido, un grupo de profesionales encabezados por José Celso Barbosa, abandonaron el mismo como protesta y formaron poco después su propia organización política bajo el nombre de Partido Autonomista Ortodoxo. Este partido pasó a representar aquellos grupos más interesados en la "modernización" de la sociedad puertorriqueña, que rechazaban la alianza con un partido conservador y monárquico de la metrópoli como era el Liberal de Sagasta.[31] Se dice "más interesados" porque en realidad no se trataba de unas diferencias tajantes, sino de una cuestión de grados. El liberalismo y el interés en la modernización siguió siendo también una posición dominante entre los seguidores de Muñoz

31 Quintero Rivera discute este desprendimiento de unos profesionales de lo que él llama el Partido de los hacendados, que era el Partido Autonomista. Si bien nos parece correcta su posición de que estos profesionales representaban el grupo más genuinamente liberal del Partido, queda por verse si en realidad fueron vencidos por unos hacendados que supuestamente controlaban el mismo. Véase la nota 2 de este trabajo. Para la posición de Quintero, véase "Conflictos de clase en la política colonial. Puerto Rico bajo España y bajo los Estados Unidos", en su libro *Conflictos de clase y política en Puerto Rico*. Río Piedras, Ediciones Huracán, 1979, pp. 29-30.

Rivera, si bien no de manera tan patente como se observaba en la gente de Barbosa.

No obstante este desprendimiento, el antiguo Partido Autonomista, ahora Liberal, continuó adelante hacia la consecución de sus objetivos, que no iban a posponerse por el hecho de que la organización política de Sagasta fuese conservadora. La estrategia resultó correcta. El 4 de octubre de 1897, Sagasta se convirtió en Jefe del gobierno español y un mes después, el 7 de noviembre, el Consejo de Ministros de España aprobó tres decretos concediendo a Puerto Rico una Carta Autonómica.

Bajo la Carta Autonómica, el Gobierno de Puerto Rico estaría constituído por un Gobernador General, nombrado por la metrópoli, un Parlamento, compuesto por dos cuerpos: la Cámara de Representantes y el Consejo de Administración, un Presidente y cinco secretarías, una Diputación Provincial, los ayuntamientos (con amplios poderes locales) y, además, el país tendría derecho a elegir varios representantes al Parlamento Español.

Las Cámaras Insulares, como principal sede del gobierno local, tendrían numerosos y amplios poderes como: organización administrativa local, crédito público, bancos, sistema monetario, procedimiento electoral, administración de la justicia, formación del presupuesto local, derechos de exportación e importación y facultad (condicionada) para negociar tratados comerciales con otros países.[32]

Con el propósito de elegir el Gobierno bajo la Carta Autonómica, el 27 de marzo de 1898 se celebraron las primeras y únicas elecciones bajo tal sistema. En este proceso participaron el Partido Liberal, el Partido Autonomista Ortodoxo, el Partido Incondicional y la Agrupación Autonómica Oportunista. Intervinieron 144,420 votantes, de los cuales, 82,627 votaron por el Partido Liberal, 16,068 por el Ortodoxo, 2,144 por el Incondicional y 1,585 por la Agrupación Autonómica.[33] Como resultado, el Partido Liberal eligió 25 de los 32 miembros de la Cámara Insular.[34]

Las elecciones significaron un triunfo arrollador para los criollos liberales. Sus enemigos tradicionales, los terratenientes y comerciantes españoles, habían sido aplastados en las elecciones, mientras que los grupos que siguieron a Barbosa quedaron reducidos a una posición de importancia secundaria. No obstante, en este momento en que los liberales habían sentado las bases para realizar su objetivo de reorganizar la vida pública desde su perspectiva reformista liberal,[35] estalló la Guerra Hispanoamericana.

32 Cruz Monclova, pp. 99-109.
33 *Ibid.*, p. 195.
34 *Ibid.*, p. 192.
35 Este punto de las aspiraciones específicas de los sectores criollos dirigentes es otro de los asuntos no resueltos en nuestro análisis histórico. ¿Querían los criollos constituir el Estado puertorriqueño, hacer la independencia?
A manera de hipótesis, parece que se trataba meramente de un inten-

El 25 de julio de 1898, las tropas norteamericanas invadieron a Puerto Rico, poniendo fin a cuatro siglos de dominación española.

La Gran República del Norte, 1898-99[36]

En los meses que siguieron a la invasión norteamericana, *La Democracia* expresó repetidamente la posición del Partido Liberal frente a la nueva metrópoli. Para los liberales, como para la mayor parte de los puertorriqueños, Estados Unidos parece haber representado el mejor ejemplo de un país democrático y próspero. Como bien señaló Muñoz Rivera, líder del Partido:

> No de otra suerte se explica que al llegar a nuestras costas el ejército invasor se le considerase y se le recibiese como a ejército libertador. Flotaba en los barcos y en las filas de los batallones la bandera americana, que simboliza la democracia más grande y más perfecta del mundo, y nosotros, los desposeídos de siempre, vislumbramos la certidumbre de una autonomía sincera, de un

to de los criollos por organizar la estructura administrativa de acuerdo a su visión reformista liberal, que les permitiera, eventualmente, poner fin al dominio de la estructura económica que tenían los españoles y otros extranjeros. Un reformismo que se entiende perfectamente bien si se observa la debilidad material de los propietarios criollos que no les permitía acercarse a movimientos o ideologías más radicales como la independentista.

36 Me baso en la lectura de los ejemplares de noviembre de 1898 a mayo de 1899 que fueron los únicos a que tuve acceso. No estaban disponibles los ejemplares correspondientes al resto del período.

derecho garantizado, de una prosperidad desbordante en el seno de la nueva nacionalidad.[37]

Si bien los liberales habían obtenido con la Carta Autonómica un sistema de gobierno propio para el país, elemento fundamental de sus aspiraciones reformistas, la incorporación a Estados Unidos no se veía como perjudicial a unos derechos políticos adquiridos. Dicha incorporación se visualizaba como conducente a un sistema de gobierno con una amplia autonomía tanto en su forma de "self-government" como en la de estadidad, que se entendía como la forma más perfecta de gobierno propio, y que se convirtió en la aspiración mayor de los liberales. Poco después, cuando el Partido cambió su nombre a Federal, se señalaba lo siguiente:

Y quieren llamarse Partido Federal, porque continúan pensando en su ideal autonomista y porque no existe sobre el planeta autonomía tan amplia y tan indestructible como la que supieron crear, cuando escribieron sus códigos, los patriarcas de la América del Norte para sus estados y territorios.[38]

Esta admiración por Estados Unidos se hace más fácil de entender cuando vemos que fue

37 Bolívar Pagán. *Historia de los partidos políticos puertorriqueños*. Tomo 1, San Juan, 1972, p. 45.
38 *Ibid.*

Tropas del Ejército Norteamericano entrando al pueblo de San Germán.

Destacamento del Ejército Norteamericano en las cercanías de Aibonito.

compartida hasta por figuras ilustres del independentismo puertorriqueño como Eugenio María de Hostos. A pesar de que Hostos favorecía la independencia para Puerto Rico, sintió siempre una gran admiración por Estados Unidos y sus instituciones de gobierno. Hostos veía a este país como heredero de unas ideas de gobierno que deberían ser compartidas por Puerto Rico, en sustitución de las estructuras represivas españolas existentes.

Podemos ver que, luego de la invasión, Hostos esperaba que Estados Unidos desempeñara un rol de guía, y que luego de facilitar el ajuste de Puerto Rico al sistema republicano de gobierno, le concediera al país su independencia.[39] Poco después de la invasión, el 2 de noviembre de 1898, *La Democracia* publicó algunas expresiones de Hostos al respecto. De acuerdo a Mariano Abril, el autor del artículo, Hostos favorecía la independencia como la alternativa del futuro para Puerto Rico, pero consideraba que en aquel momento el país no había alcanzado todavía el nivel necesario de educación social y política para la independencia. De acuerdo a Abril, Hostos señaló que si en aquel momento se le ofrecía la independencia a Puerto Rico, él no la aceptaría.[40]

En lo que se refiere a la estructura económica, Estados Unidos representaba para los grandes

---

39 Véase Eugenio María de Hostos. *Diario*. Vols. II y III, La Habana, 1939 y *Madre Isla*. La Habana, 1939.

40 "Crónica", *La Democracia*, 2 de noviembre de 1898, p. 2.

terratenientes puertorriqueños un mercado de
grandes posibilidades. Desde temprano en el siglo
diecinueve, Estados Unidos había sido el principal comprador del azúcar producido en el país y
los terratenientes de caña pensaban que esta relación comercial podía ampliarse, superadas ya
las limitaciones al comercio que imponía España.
Por otro lado, los terratenientes de café no tenían,
aparentemente, mucho que temer; la nueva realidad tarifaria que se impondría al incorporar el
país al mercado norteamericano no se visualizaba en aquel momento como más perjudicial que
el asfixiante sistema tarifario español.

En general, la posición del Partido ante la invasión norteamericana fue expresada con gran
acierto por Muñoz Rivera:

> Cuando cesó en Puerto Rico el 18 de octubre el
> imperio de la vieja metrópoli, casi todos creímos...
> que la nueva metrópoli nos traía el inmediato
> remedio a nuestros males.[41]

Y así recibió *La Democracia* a los norteamericanos. Con un notable sentido de admiración y
un interés en la anexión a Estados Unidos, que
según los liberales, permitiría a Puerto Rico obtener una amplia autonomía interna. Todo esto
contrastaba notablemente con la visión que en
ese momento se tenía de España. A la antigua me-

trópoli se le veía entonces como "el viejo sistema colonial, con toda su historia de farsas y mentiras".[42] Era la contraposición de un mundo lleno de atraso y frustaciones frente a una nueva situación que se consideraba esperanzadora y propicia para el progreso. No hay dudas de que en 1898 y 1899, *La Democracia* no guardaba buenos recuerdos de la dominación española de la cual también se decía: "De la vida anterior sólo le queda al país el recuerdo de sus dolores...".[43]

La fe en la nueva metrópoli se expresaba frecuentemente en relación con diferentes asuntos. Era la nueva nacionalidad que venía con "la bandera del progreso y la libertad",[44] era el pueblo democrático,[45] donde se educaba al hombre "en el más profundo respeto a las leyes y al derecho de sus conciudadanos".[46] Toda esta visión se manifestaba también en la carta que le envió al entonces gobernador Henry el Consejo de Secretarios, cuerpo que existía desde el gobierno autonómico y que fuera eliminado por dicho funcionario:

Nosotros aceptaríamos con gratitud y con orgullo, más todavía, ansiamos que nos rija, un sistema que ha hecho grande y libre á nuestra Metrópoli; pero lo

42 "Justicia", La Democracia, 24 de enero de 1899, p. 2.
43 "Hic amor haec patria est", *La Democracia,* 19 de diciembre de 1898, p. 2.
44 *Ibid.*
45 "Justicia", *La Democracia,* 24 de enero de 1899, p. 2.
46 *Ibid.*

aceptaríamos íntegro, para que respondiere á las legítimas aspiraciones de nuestro país. Vos en el gobierno; junto á vos el gabinete que designarais, y muy cerca de todos la legislatura popular, diciéndoos á cada instante cuáles son las ideas y las necesidades de la isla.

Al desaparecer el Consejo de Secretarios, arrastra consigo la última representación colectiva de Puerto Rico, ya que aquí no se implantó aún el sistema norteamericano en su grandiosa y perfecta amplitud.[47]

La admiración por Estados Unidos y el deseo de anexión iban acompañados por continuas referencias a los problemas económicos de Puerto Rico, los cuales parece se esperaba fueran resueltos por la metrópoli. Por ejemplo, *La Democracia* llamaba la atención a los altos impuestos que tenían que pagar los grandes terratenientes y los pequeños agricultores, la falta de vías de comunicación adecuadas y la necesidad de instituciones de crédito.

La falta de vías de comunicación en el país era notable. Los terratenientes confrontaban serias dificultades para llevar sus productos desde las haciendas a los puertos. En 1898, había en Puerto Rico sólo 284 kilómetros de carreteras principales.[48] Además, el estado de los caminos era deplo-

---

47 "Carta de los miembros del Consejo de Secretarios al Gobernador", *La Democracia*, 9 de febrero de 1899, p. 2.
48 Comisión Económica de Puerto Rico. *El caso de Puerto Rico y*

rable. En varios de los testimonios que se ofrecieron al Comisionado Carroll, enviado presidencial en 1899, se deja ver claramente la preocupación sobre este asunto. Tulio Larrínaga, quien poco después (1904) fuera electo Comisionado Residente en Washington por el Partido Unión, señaló en su ponencia que el mayor obstáculo al progreso y desarrollo del país había sido la ausencia de buenos medios de comunicación.[49] José Amadeo fue también muy categórico en sus expresiones señalando que, con algunas excepciones, las carreteras del país eran meros caminos para carretas.[50]

La ausencia de instituciones de crédito había sido una constante preocupación para muchos desde principios del siglo diecinueve. Esta situación colocó siempre a los terratenientes en una posición de dependencia frente a los comerciantes-prestamistas españoles. En las mencionadas ponencias ante Carroll se hicieron varias expresiones al particular. Lucas Amadeo, un gran terrateniente, y figura importante en la lucha por la "modernización" de la economía de Puerto Rico a fines del siglo diecinueve, señalaba que el dinero circulante en el país era solamente $6,000,000 y que, además, cerca de $2,000,000 estaban en manos privadas limitando más aún la circulación monetaria. Esta situación obligaba a que se llevaran a cabo

el Bill de Tarifas. San Juan, 1913, p. 23.

49 Henry K. Carroll. *Report on the Island of Porto Rico.* Washington, D.C., Government Printing Office, 1899, p. 158.

50 *Ibid.,* p. 159.

transacciones comerciales por medio del trueque.[51] Santiago Veve, otro gran terrateniente, consideraba que la falta de capital era el principal obstáculo que confrontaban los agricultores puertorriqueños. Criticaba él, además, las condiciones onerosas en que se podían obtener préstamos en el país.[52]

Si bien problemas como éstos habían afectado a los agricultores desde el siglo diecinueve, los mismos se complicaron debido a ciertas medidas (mayor restricción del crédito, devaluación desfavorable de la moneda española) que se tomaron bajo el régimen militar y que resultó en que numerosos hacendados y pequeños agricultores tuvieran que verse forzados a venderle tierra a las corporaciones norteamericanas que se establecían en el país.[53]

En cuanto al problema de la ausencia de instituciones de crédito, por ejemplo, el Dr. Antonio J. Amadeo expresó en *La Democracia* su preocupación por las hipotecas existentes sobre las propiedades rurales, que constituían una seria amenaza para numerosas familias:

Que las instituciones de crédito agrícola tienen que tener aquí base sólida como muy bien dice *La Democracia* lo comprendemos desde hace tiempo, y así lo hemos hecho presente á los comi-

51 *Ibid.*, p. 503.
52 *Ibid.*, pp. 158-159.
53 Véase José Antonio Herrero. *La mitología del azúcar*, CEREP, pp. 4-22.

sionados de Washington, pidiendo á dicho Gobierno poderoso Banco provincial, que recogiera los gravámenes de la propiedad rural; y por ese medio mantuviera la división territorial é intacto el hogar de muchísimas familias, que no se cansarían de bendecir la benévola y liberal administración americana.[54]

En otra ocasión, decía también Amadeo que:

Ninguna consideración puede aducirse contra ese medio posible, [Banco Provincial] seguro de encontrar dinero en las circunstancias actuales en que muchos se retraen de los negocios, favoreciendo el descontento social y económico imperante hace ya muchos meses...

Un sistema ingenuo, liberal de negociaciones bancarias con sucursales en las principales ciudades de la isla, que introduzcan las prácticas del sistema financiero de los países más adelantados, entre otras, la rápida transmisión de los valores entre las poblaciones por medio de talones ó cheques pagaderos á la vista.

Veríamos entonces subir el valor de la propiedad territorial, hoy despreciada por la escasa circulación metálica ó de papel que la representa.

Centuplicarse los productos de la tierra, hoy empobrecida por la usura y la escasez de todo.

54 "Lo que Puerto Rico necesita", *La Democracia*, 27 de febrero de 1899, p. 2.

Nunca ni aún en los períodos económicos y financieros más difíciles de la colonia llegamos á tanto.

Parece que grandes fuerzas están empeñadas en producir el mal...[55]

Como podemos ver Amadeo percibía además la presencia de "grandes fuerzas" de Estados Unidos que tenían que ver con la difícil situación económica de Puerto Rico. Varias otras referencias a "fuerzas" operando en el país van a aparecer ocasionalmente en el periódico, pero las actividades de estas "fuerzas" no se consideraron como prácticas de los poderosos centros capitalistas norteamericanos sino como algo aislado, no representativo de Estados Unidos. Esta visión, que con el tiempo parecería ingenua, era típica de los intelectuales puertorriqueños de la época, algunos de los cuales, a pesar de entender el sistema político de Estados Unidos, no tenían una visión clara del capitalismo y del imperialismo. *La Democracia* no podía ir más lejos que atribuirle los problemas del país a "grandes fuerzas" o a elementos "exóticos". Además, había unas formas ideológicas funcionando y la oposición a Estados Unidos como responsable de la situación del país no podía esperarse en ese momento en que había grandes esperanzas

55 "Lo que Puerto Rico necesita", *La Democracia*, 17 de febrero de 1899, p. 2.

en obtener cambios y, sobre todo, un gran temor a cualquier tipo de confrontación con la nueva metrópoli.

Otro aspecto económico que, como también se ha señalado, se discutió con frecuencia en *La Democracia* en el período bajo discusión fue el estado de atraso de las vías de comunicación en el país. Este asunto fue comentado en una serie de artículos que se publicaron bajo el título *La agricultura puertorriqueña*. En uno de estos artículos se señalaba la dificultad en desarrollar la agricultura ante al ausencia de buenas vías de comunicación:

Puerto Rico poseía y posee riquezas diez veces mayor que las que Grossourdy veía y las que nosotros conocemos. Sólo que ocurría una cosa —y aún ocurre—; imposibilidad de aprovechar los tesoros que el suelo brinda. Tan difícil es llegar hasta ellos.

Porque la isla ofrece faja de litoral estrechísima, y la mayor parte de su superficie cubierta de montes. Y ¿sábese lo difícil que es traer hasta el litoral la riqueza de los montes?...

Cuando, á la vez, hilo eléctrico, ferrocarril y carretera pongan en mayor contacto unas con otras poblaciones de la isla, habrán cambiado los tiempos.[56]

56 "La agricultura puertorriqueña", *La Democracia*, 18 de abril de 1899, p. 2.

Este fragmento del artículo dejaba ver el viejo sueño de los terratenientes puertorriqueños de transformar y modernizar la infraestructura para así facilitar el comercio de sus productos.[57] Nuevas carreteras, ferrocarriles, etc., no sólo facilitarían la transportación de los productos de las haciendas a las zonas portuarias sino que facilitarían el crecimiento del mercado local. La administración colonial norteamericana iba a mejorar la infraestructura del país, pero no para beneficio particular de los terratenientes puertorriqueños. Quienes más se beneficiaron fueron las centrales azucareras y las mayores de éstas iban a pertenecer a corporaciones norteamericanas. Así vemos que la gran expansión del sistema de ferrocarriles, que ocurrió después del 1900, tuvo el propósito de facilitar el desarrollo de la industria del azúcar.[58]

La Democracia no se limitó, durante los meses posteriores a la invasión, a expresar su admiración por Estados Unidos y a plantear la difícil situación económica de Puerto Rico. Los intelectuales del periódico también combatieron a sus enemigos locales del Partido Autonomista Ortodoxo, que en 1899 pasó a llamarse Partido Republicano. Inicialmente, los líderes de este partido parecen

---

57 Esta posición había sido defendida por los terratenientes en Puerto Rico por décadas. Véase, por ejemplo, Félix Mejías. *De la crisis económica del 86 al año terrible del 87*. Río Piedras, Ediciones Puerto Rico, 1972, pp. 44-46.

58 Herrero, pp. 38-42.

haber sido mayormente profesionales. Poco después se le unieron comerciantes y terratenientes cañeros. Estos grupos se sentían muy identificados con los norteamericanos y con su dominación de Puerto Rico y se convirtieron en beneficiarios de la nueva relación económica colonial con Estados Unidos y en los principales aliados de la nueva metrópoli.[59] Las expresiones del periódico contra los ortodoxos o republicanos tenían que ver mayormente con las posiciones públicas que éstos pasaron a ocupar luego de la invasión. Reconocidos por los norteamericanos como "gente de confianza" (léase incondicionales), los líderes republicanos comenzaron a recibir diferentes nombramientos durante el régimen militar.[60] *La Democracia* les llamó "aspirantes a empleos"[61] y acusó a varios de ellos que ocupaban altas posiciones en el gobierno, de perseguir a los miembros del Partido Federal.[62] Para los líderes del Partido

59 Para un análisis del liderato republicano, véase de Quintero Rivera, *Conflictos de clase...*, pp. 56-64. La presencia de terratenientes cañeros en el Partido Republicano levanta una serie de interrogantes que quedan por resolverse. ¿Cuándo específicamente comienza la división de los terratenientes en dos partidos? ¿Qué terratenientes cañeros permanecen en el antiguo partido de los criollos, ahora Federal, y cuáles pasaron al Partido Republicano? ¿Por qué?

60 La práctica de preferir republicanos para ocupar diferentes puestos públicos no se limitó al área administrativa, se extendió también al aparato judicial. Jaime Baqué señala que el servicio civil en Puerto Rico fue prácticamente inexistente entre 1898 y 1908. Véase *La administración pública y sus raíces históricas*. San Juan, 1960, p. 47.

61 "Hic amor haec patria est", *La Democracia*, 19 de diciembre de 1898, p. 2.

62 Mariano Abril. "Cartas capitales", *La Democracia*, 8 de marzo de 1899, p. 2.

esta situación resultaba muy dura. Luego de haber luchado por muchos años contra la burocracia española y de haber esperado largo tiempo por la oportunidad de controlar la administración del país (régimen autonómico), encontraban que, bajo la nueva dominación eran dejados a un lado y que los norteamericanos preferían a sus opositores del Partido Republicano para diferentes posiciones públicas, a pesar de que los republicanos eran una minoría en el país, y a pesar de que ellos (los federales) eran también pro-norteamericanos y anexionistas.

La persecución de los federales y el desplazamiento de propietarios puertorriqueños, 1900-1903

Si bien el Partido Federal tuvo dificultades bajo el régimen militar, no fue hasta 1900-1903 que se sentaron firmemente las bases para la nueva dominación colonial en Puerto Rico. A fin de establecer más rápidamente su control sobre el país, en particular sobre la estructura económica, los norteamericanos se movieron a desplazar de lleno al Partido Federal (por sus aspiraciones de administrar el país) del mayor número posible de centros de poder político. Esto no fue difícil. Por medio de la Ley Foraker (1900), Estados Unidos sentó las bases "legales" para ejercer control, sin necesidad de continuar una ocupación militar, de los más importantes cuerpos gubernamentales tanto a nivel político como ideológico: la gobernación,

52

el sistema judicial, la policía, los departamentos de gobierno, una de las cámaras legislativas (el Consejo Ejecutivo) y otros.[63] Por otro lado, los republicanos, con el respaldo abierto del gobierno, emergieron victoriosos en las elecciones de 1900 y 1902, excluyendo así al Partido Federal de los procesos gubernamentales. Los federales quedaban así en una posición de debilidad política que les impedía proteger a algunos de los agricultores que formaban parte del Partido, de las consecuencias de los ajustes económicos que requerían los capilistas norteamericanos para su penetración en el país. Particularmente afectados se vieron numerosos pequeños agricultores y no pocos hacendados cafetaleros que se encontraron en la necesidad de vender sus tierras.

Otro medio importante, que *La Democracia* no cesó de mencionar y comentar en estos años y que se usó de instrumento para desplazar a los fede-

63 Bajo la Ley Foraker, el gobernador de Puerto Rico era nombrado por el Presidente de Estados Unidos. La Asamblea Legislativa estaba compuesta por dos cámaras, una de las cuales, el Consejo Ejecutivo, tenía varios miembros nombrados por el Presidente. Los jueces del Tribunal Supremo eran también nombrados por el Presidente, y el Congreso de Estados Unidos tenía poder para legislar sobre Puerto Rico y vetar legislación aprobada por la legislatura del país. Las fuentes principales para el estudio de la Ley Foraker son: Lyman Gould. *La Ley Foraker: raíces de la política colonial de los Estados Unidos.* Río Piedras, Editorial Universitaria, Universidad de Puerto Rico, 1969, y Carmen Raffucci. *Las instituciones de gobierno civil en la elaboración de la Ley Foraker y sus antecedentes históricos.* Tesis de Maestría inédita, Universidad de Puerto Rico, 1971.

rales, fue la violencia. Una violencia que apareció con muchas caras, desde la persecución hasta el abuso físico y el asesinato. La agresión física contra miembros del Partido Federal fue llevada a cabo por las turbas republicanas. Muy poco sabemos sobre la composición social de estos grupos. Es posible, como señala Angel Quintero Rivera, que se haya tratado de grupos marginados de los centros más urbanos que se convirtieron en instrumentos del Partido Republicano.[64] Esta posición es la que reflejaba *La Democracia,* que veía a las turbas como formadas por personas de los grupos más pobres de la sociedad, quienes fueron manipulados por los republicanos y llevados a manifestar violentamente sus resentimientos contra los federales. Para *La Democracia* se trataba de "la distinguida vagabundería del adoquinado",[65]

---

64 Véase Angel Quintero Rivera. "El Partido Socialista y la política triangular de las primeras décadas bajo la dominación norteamericana", *Revista de Ciencias Sociales,* XIX, 1, marzo (1975), p. 55. Sería interesante averiguar cuáles eran las causas estructurales que movieron a una gente a lanzarse a unas acciones de violencia tan arriesgadas. El compañero Gervasio L. García me ha señalado la posibilidad de que se tratase de una manifestación de una lucha feroz en el mercado de trabajo. Otra interrogante muy importante es planteada por García, quien señala el hecho de que las turbas funcionaron precisamente cuando los republicanos estaban afincados en el poder local. Además, sería interesante conocer cómo los republicanos consiguieron que estos grupos descargaran sus hostilidades de clase sólo contra los federales, cuando no pocos republicanos eran también grandes propietarios y notables figuras.

65 "La manifestación de las turbas y el empréstito de Egozcue", *La Democracia,* 27 de noviembre de 1901, p. 3.

54

"el populacho soez",[66] "la escoria de los suburbios",[67] y "carne de presidio".[68] Unos resentidos susceptibles al engaño de los republicanos:

> Esos propagandistas dicen á los ignorantes y á los histéricos desesperados que la guerra al capital, á la moral, y á la inteligencia, que odiar a los que gastan levitas y zapatos y beber alcohol en las tabernas es lo que constituye verdadera democracia.

> No nos haremos esperar y diremos de una vez que tales teorías, que tales propagandas, han sido empleadas por los prohombres del republicanismo para sumar prosélitos a su causa antipatriótica y escandalosa.

> A no ser así y contando con ese elemento susceptible al engaño unos y ávidos del desorden otros, ese partido republicano no existiría en Puerto Rico.[69]

Con mucha claridad precisaba *La Democracia* su visión sobre las diferencias de clase entre "la chusma" y los federales. Los federales, de acuerdo al periódico, estaban al lado del capital, la moral y la inteligencia, además de usar levitas y zapatos.

66 Cortadillo. "A diestro y siniestro", *La Democracia*, 18 de septiembre de 1903, p. 4.
67 *Ibid.*
68 *Ibid.*
69 Salvio Multon. "La Democracia y los falsos demócratas", *La Democracia*, 1ro. de noviembre de 1901, p. 2.

Esta visión de los federales que tenía *La Demo-cracia* aparece repetida varias otras veces durante estos primeros años de siglo. El periódico entendía que el Partido Federal consistía de "el elemento mejor y más respetable de la isla",[70] que Muñoz Rivera era seguido por "las clases directoras del país"[71] y que representaba a "los grandes intere-ses regionales":

Somos colectividad de orden y arraigo en defensa de los grandes intereses regionales. Ningún jefe del partido representó la riqueza de un país con poderes tan amplios como los que le confirió la asamblea de agricultores á Muñoz Rivera en Washington. Ese solo hecho determinó por si solo las fuerzas de intereses conservadoras que radican en el Partido Federal.[72]

La Democracia también reprendió ocasional-mente a los puertorriqueños negros, algunos de los cuales parecen haber participado activamente en las turbas.[73] Si esto molestó a *La Democracia*, como podría esperarse, las expresiones al respecto fue-ron muy limitadas, ya que sólo se encontró un

70 "De mano maestra —opinión de los norteamericanos", *La De-mocracia*, 20 de abril de 1903, p. 3.
71 "La reunión del comité", *La Democracia*, 26 de febrero de 1901, p. 1.
72 "Muñoz Rivera y el gobernador civil —comentarios de la pren-sa", *La Democracia*, 14 de mayo de 1900, p. 2.
73 Información que nos fuera suministrada por Antonio Coll Vidal, el 8 de febrero de 1979.

comentario que indicaba que la "guardia negra" de los republicanos cometía atropellos contra los federales.[74] Lo que sí expresaron con mayor frecuencia fueron críticas a los negros por su respaldo a Estados Unidos o por su rechazo u olvido de España:

> Por eso hemos considerado siempre una injusticia y una ingratitud, que la raza de color en Puerto Rico injurie y denigre á España, mientras vitorea á otras naciones [Estados Unidos], en las que no podría vivir sino a costas de grandes sufrimientos y humillaciones.[75]

Parece que los intelectuales de *La Democracia* no entendían que la terrible situación racial que sufrían los negros en Estados Unidos era desconocida para los puertorriqueños negros, quienes todavía recordaban el prejuicio y la opresión vivida bajo el régimen político y la cultura dominante del colonialismo español. Para muchos puertorriqueños negros, Estados Unidos y su régimen en Puerto Rico les ofrecía cierta posibilidad adicional de movilidad social. Además, el líder del Partido Republicano, José Celso Barbosa, era negro.

Como se ha mencionado, las turbas estuvieron muy activas entre 1900 y 1903. En 1900, *La Demo-*

---

74 "Tarde piace", *La Democracia*, 18 de abril de 1904, p. 2.
75 "Fecha memorable", *La Democracia*, 22 de marzo de 1902, p. 5.

cracia se expresó frecuentemente al respecto criticando distintos incidentes como el ataque contra la residencia de Muñoz Rivera en San Juan[76] y el ataque contra el periódico *El Diario* poco después que éste publicara un artículo criticando al alcalde republicano de San Juan.[77] En 1901 y 1902, la violencia de las turbas se extendió a diferentes municipios del país. En un artículo sobre la violencia en Humacao se mencionaba que:

> Una turba republicana atropella armada de garrotes y piedras á varios federales y no contenta asalta la tienda de los señores Marques...[78]

En San Juan, centro de las actividades de los republicanos, continuaron las agresiones. El líder de las turbas en esta ciudad era Mauleón, el encargado de los baños públicos,[79] quien de acuerdo al periódico tenía carta blanca para cometer todo tipo de atropellos. En Caguas, Mauleón desató un motín frente a las oficinas locales de *La Democracia.*[80] En Juncos y Humacao varios federales resultaron heridos o muertos durante los ataques de las tur-

---

76 "Nuestra protesta", *La Democracia*, 17 de septiembre de 1900, p. 2.

77 "Los sucesos de la capital", *La Democracia*, 17 de septiembre de 1900, p. 2.

78 "Continúan los escándalos", *La Democracia*, 30 de septiembre de 1901, p. 3.

79 Información que me fuera ofrecida por la Dra. Mauleón.

80 "La información del News y Mr. Techter", *La Democracia*, 9 de noviembre de 1901, p. 4.

58

bas. En el último día del año 1901, el periódico
publicó unos versos que describían su visión general del clima de violencia que prevalecía en el
país:

Igual que en años pasados
como signo peculiar,
desafueros y atentados
es preciso registrar.

En barriadas y suburbios
hubo, ó tuvieron lugar,
atropellos y disturbios
imposibles de evitar.

Se lucieron los rufianes
pero de eso no hay que hablar.
¿Quién contiene los desmanes
de la turba popular?

No ha de ser seguramente
el gobierno tutelar
que nos rige y que consiente
tan inmenso bienestar.

¿Y el derecho? ¿Y la justicia?
¿El orden? ¿El bienestar?:
Calle, calle la malicia.
De eso es inútil hablar.[81]

81 Cortadillo. "A diestro y siniestro", *La Democracia*, 31 de diciembre de 1901, p. 4.

A pesar de que *La Democracia* atribuía responsabilidad al liderato del Partido Republicano por los conflictos sociales que ocurrían en el país, entendía que el mayor responsable era el gobierno colonial, específicamente los administradores de la colonia. El periódico consideraba que los republicanos eran generalmente utilizados por los dominadores para sus propósitos. Ahora bien, de acuerdo a *La Democracia*, la responsabilidad de los administradores y los republicanos no se limitaba a los conflictos sociales sino que se extendía a la crisis económica que sufría el país. Digamos crisis de la economía tradicional porque los sectores de la economía que emergían o se fortalecían dentro del nuevo marco de las relaciones coloniales, se iban expandiendo rápidamente. Así podríamos señalar a las plantaciones azucareras y al comercio con la metrópoli. En este período de 1900 a 1903, hay frecuentes expresiones de inconformidad en el periódico respecto a la nueva estructura contributiva. Por ejemplo, en 1901 se criticaba duramente a la Cámara de Delegados, que estaba controlada por los republicanos, por aprobar un proyecto de ley que centralizaba en el Departamento del Tesoro los asuntos relacionados con impuestos, privando así a los municipios de un importante poder económico y social.[82] Esta política de centralización, que también incluía otros aspectos como educación, salud y policía, iba

---

82 "País te venden", *La Democracia*, 31 de enero de 1901, p. 1.

claramente dirigida a socavar la autonomía municipal y por lo tanto, a limitar la influencia política
que algún partido pudiera alcanzar fuera del ám-
bito del poder de la administración colonial.
Entre las medidas relacionadas con asuntos con-
tributivos fue el proyecto Hollander (1901) el que
causó la mayor consternación a los intelectuales de
La Democracia.[83] Según el periódico, el *bill* Hollander se presentaba en un momento de crisis
económica con el objetivo de facilitar el desplazamiento de los propietarios puertorriqueños:

Pero ese bill [Hollander] como nube tormentosa,
trae en su seno el rayo que ha de herirnos de muerte.

Su autor, Mr. Hollander, ha declarado "que el
objeto del 'bill' es forzar á los propietarios nati-
vos á que no dispongan de fondos para cultivar sus
fincas ó venderlas ó abandonarlas á otros más
afortunados."

En esas frases se transparenta una obra de exter-
minio para los puertorriqueños, obra á la que,
mentira parece, estén contribuyendo hijos del país.

Después del ciclón y la crisis económica porque

83 El proyecto Hollander imponía una contribución de 1% sobre
la riqueza territorial y autorizaba a los municipios a imponer una contribución igual. La ley proveía sanciones contra aquellos que no cum-
plieran a tiempo. Véase Luis M. Díaz Soler. *Rosendo Matienzo Cintrón*. Río Piedras, Instituto de Literatura Puertorriqueña, Universidad de Puerto Rico, 1960, pp. 204-205.

viene atravesando este país, pocos son los agricultores que pueden resistir el Bill Hollander. La mayoría tendrá que entregar sus propiedades á —los "trusts"— americanos que ya se deben estar formando para comprar á Puerto Rico.[84]

La preocupación de *La Democracia* por este intento de desplazar a agricultores puertorriqueños continuó por largos años. Y es obvio que así fuese. Como se ha señalado antes, gran parte de los propietarios puertorriqueños parecen haber estado vinculados con el Partido Federal, al cual el periódico servía de instrumento ideológico. Ahora bien, en estos años comienza a aparecer en *La Democracia* una preocupación particular sobre las dificultades específicas de los agricultores de café. Esto podría indicar que los cafetaleros tenían un peso muy importante en el Partido. Por otro lado, podría tratarse meramente de que estos fueran de los agricultores más adversamente afectados por el colonialismo norteamericano y, por lo tanto, que el periódico destacara particularmente sus dificultades para fines de regateo político. Es posible, también, que al café se le haya tomado como bandera, como un símbolo más del tradicionalismo criollo que poco a poco fue aflorando en el Partido como mecanismo ideológico conservador. Ante la ausencia de investigaciones sobre el particular

---

84 Mariano Abril. "Crónica —los parricidas", *La Democracia*, 31 de enero de 1901, p. 2.

no se puede más que plantear este asunto como una interrogante.

En varias ocasiones en este período, sobre todo en 1903, *La Democracia* apuntaba a los cafetaleros como las víctimas más notables de la dominación norteamericana:

Los cafetaleros han sido las víctimas más castigadas, no ya por el desastroso ciclón de San Ciriaco, por la dominación americana.

No obstante [la crisis], el Gobierno insular, que conoce esto ó debiera conocerlo, las somete [a las fincas] á cuantiosos impuestos y al fin termina por embargarlas...

Esto no es querer á un país, esto es odiarlo; esto no es benevolencia ni protección, es empeño decidido en aproximar su ruina.[85]

Parece ser que, si bien hubo gran malestar por los mencionados impuestos y embargos, el problema principal del café puertorriqueño luego de la invasión fue uno de mercados, más que de cualquier persecución de los administradores coloniales. La incorporación de Puerto Rico al sistema tarifario de Estados Unidos resultó desfavorable respecto a las condiciones de exportación del producto a ciertos mercados europeos tradicionales.

85 Ginesillo. "Cosas del día —lo inconcebible", *La Democracia*, 10 de septiembre de 1903, p. 2.

Y Estados Unidos nunca demostró mucho interés en atender este asunto que, frente al interés de convertir a Puerto Rico en una gran factoría azucarera, no tenía prioridad alguna. Durante las dos primeras décadas del siglo veinte, la producción de café apenas logró superar los niveles alcanzados a fines del siglo anterior.[86] De esta manera, la hacienda cafetalera se convertía en un medio de producción estancado en una economía donde la producción general aumentaba rápidamente, particularmente la del azúcar. Así vemos que la administración colonial invirtió millones de dólares en el financiamiento de una notable infraestructura para beneficio de las centrales. Esta infraestructura incluía construcción de carreteras, sistemas de riego, plantas de energía y escuelas.[87]

En estos años (1900-1903) el periódico volvió a referirse ocasionalmente a la amenaza que significaba para el país la presencia de las fuerzas imperialistas o *Trusts*:

Si se nos atiende, se descuida un compromiso electoral. Se hace indispensable una reelección presidencial, es preciso que continúe el imperialismo, que se robustezca la acción militar dominante, y si para que se salven esas dos premisas

---

86 Véase Jorge J. Serrallés, Jr. y Martín Vélez, Jr. "Price of Coffee in Puerto Rico from 1900 to 1938". *Bulletin 54*, Agricultural Experiment Station, Río Piedras, Puerto Rico, 1940, p. 4.

87 Harvey S. Perloff. *Puerto Rico's Economic Future, a Study in Planned Development*. Chicago, The University of Chicago Press, 1950, p. 27.

64

fuese necesario que esta pobre islita de indios y de negros, desapareciera, pues desaparecerá, sin que por ese cataclismo territorial entorpezca la gestión de los Trusts, ni se alteren las negociaciones de Wall Street.[88]

No obstante estos comentarios, *La Democracia* seguía presentando a los imperialistas y a los funcionarios coloniales como elementos no-representativos de la metrópoli. El periódico mantenía sus esperanzas de cambio, que entendía podrían lograrse cuando viniera la estadidad o cuando venciera el Partido Demócrata en Estados Unidos.

Lo reconstruiremos [al país] cuando los demócratas americanos triunfantes hagan de este país no una colonia humilde y esclava sino un territorio en la plenitud de la ciudadanía y del derecho americano.[89]

O cuando el pueblo norteamericano tomara acción:

Nosotros no culpamos al pueblo más grande de la tierra, al pueblo libre y heróico que dio su sangre por la libertad...

Cuando todos los puertorriqueños sean un solo labio por la protesta persistente y altiva... cuando

88 "Puerto Rico en Washington —no seremos ciudadanos americanos", *La Democracia*, 2 de abril de 1900, p. 2.
89 "Quien más pone pierde más —la situación política", *La Democracia*, 22 de noviembre de 1900, p. 2.

todos los puertorriqueños digan al pueblo de
Lincoln cómo se nos tiraniza y se nos veja... el
pueblo de Lincoln hará que los tiranos moder-
nos caigan para siempre en la fosa profunda del
olvido...[90]

Pero también era muy importante conseguir
la unidad de todos los puertorriqueños como se
indica en la última cita. Con relativa frecuencia
La Democracia traía a discusión la necesidad de
unir otra vez a la familia puertorriqueña. A pesar
de que la fe en la metrópoli se mantuvo por varios
años, el Partido Federal entendió que era necesario
tomar iniciativas adicionales para mejorar su situación. El viejo ideal de "la unión de la gran familia puertorriqueña", que sirvió a los sectores
criollos dirigentes para formar un frente liberal
contra la dominación española, se iba a levantar
otra vez,[91] pero esta aspiración no tenía posibilidades de hacerse realidad. De hecho, las transformaciones ocurridas en el país desde fines del siglo
diecinueve habían agrietado ya la antigua unión.
Por ejemplo, el proceso de proletarización que comenzó con el desarrollo de las centrales azucareras

90 "En plena tempestad', *La Democracia*, 14 de octubre de 1903,
p. 3.
91 Quintero señala que fueron los hacendados quienes formaron
dicho frente liberal. A falta de mayor información sobre las clases y
los estratos sociales en Puerto Rico en el siglo 19, que evidencie claramente la posición relativa de éstos en dicho frente, entiendo que
es preferible referirse en general al conjunto de los sectores criollos
dirigentes. Sobre la posición de Quintero, véase *Conflictos de clase...*

a partir de 1873, inició una disrupción en la unidad que se dramatizaría en las huelgas cañeras de la década de 1890. Otro elemento de "desunión" fue el grupo de Barbosa, que por diferencias ideológicas abandonó el partido de los criollos (entonces Autonomista) poco antes de la invasión norteamericana. Luego del 1898 la gente de Barbosa va a fortalecer su partido, mientras que los trabajadores van a crear su propia organización obrera, la Federación Libre de Trabajadores, y a expandir sus actividades bajo cierta protección legal que ofrecía el nuevo régimen. Con la excepción de las elecciones de 1904, en que se da una alianza entre los unionistas y los trabajadores, tanto estos últimos como los republicanos, adoptaron consistentemente posiciones antagónicas al Partido Federal, luego Unión.

El clamor unitario de los federales no tuvo éxito. Los republicanos, cuyo liderato estaba compuesto por grupos en rápida movilidad social y con relativa influencia política,[92] no iban, en esa coyuntura histórica, a unirse a sus enemigos, ahora en posición defensiva. La contestación que en 1903 le dieron los republicanos a un llamado de los federales a la unidad tendría vigencia por muchos años:

Nuestro partido [republicano] ha realizado con perseverante constancia y acertada orientación

92 Quintero Rivera, *Conflictos de clase...*, pp. 56-76.

la difícil y hermosa obra de instaurar el gobierno
civil en Puerto Rico, afianzando la política americana con buen éxito a pesar... del pesimismo de
unos y la malicia de otros, que viven en el pasado
con la engañosa pretensión de defender una personalidad del país que sólo ahora por primera vez
surge merced a la libertad y democracia que ya se
infiltran en todas las capas sociales... Los partidos
políticos... fracasan cuando no pueden conseguir
sus fines y se disuelven dejando sitio a otros que le
sustituyan con posibilidades de mejor éxito...
El hombre enfermo que va a morir no es tan
egoísta en pretender, que los demás hombres mue-
ran con él...[93]

Para los republicanos, los federales eran unos
pesimistas que vivían en el pasado, en un proceso de disolución, mientras que la personalidad del
país surgía por primera vez, gracias a la libertad y
democracia que según ellos, existía bajo el régimen norteamericano. Quien único aceptó el llamado de los federales a la unidad fue un grupo de
profesionales que habían abandonado el Partido
Republicano, cuyo líder era Rosendo Matienzo
Cintrón. Se trataba de unos profesionales que no
habían desarrollado lazos con las nuevas estructuras económicas y que no estaban satisfechos
con la condición colonial de Puerto Rico bajo Estados Unidos.[94]

93 Pagán, p. 97.
94 Quintero Rivera, *Conflictos de clase...*, p. 60.

Por el gobierno propio y la salvación de la agricultura puertorriqueña, 1904-1908

En 1904, el Partido Federal fue disuelto y en su lugar se organizó el Partido Unión. No obstante, su liderato sabía que un cambio de nombre o la incorporación de un nuevo grupo no iba a variar su situación. La inconformidad de los dirigentes del Partido con lo que estaba sucediendo en el país les movió a considerar, además de la estadidad, otras alternativas a la condición política del país, como la independencia y la autonomía, pasando a incluir también a estas últimas en el programa del Partido. Es importante señalar que, si bien se incluía a la independencia como una solución aceptable, el independentismo estaba lejos de convertirse en una fuerza en el Partido. El deseo de que Puerto Rico permaneciera como parte de Estados Unidos, ya fuese como estado o como país autónomo, seguía prevaleciendo. Ambas formas de gobierno, como se ha dicho, se entendían como sistemas de gobierno propio. Este nuevo programa lo que reflejaba era la insatisfacción del liderato por la difícil situación de diferentes terratenientes. Se aspiraba meramente a algún tipo de control del desarrollo social del país, lo que era comprensible si se considera la debilidad material y el pluralismo de los unionistas.

Esta posición del Partido Unión se tradujo en el tipo de comentarios que hizo *La Democracia* sobre la condición política de Puerto Rico entre

1904 y 1908 (este asunto fue uno de los más comentados en esos años). En 1905, y ante el convencimiento de que la "plena ciudadanía americana" (la estadidad) no llegaría al país, se decía esperar por la autonomía.[95] Poco más tarde se pedía para el país "un régimen liberal":

> Implántese en el país un sistema de gobierno que dé cabida en el manejo de la cosa pública á nuestros intelectuales, venga un régimen liberal, en que no encuentren trabas las leyes que tienden a moralizar institutos y á salvar nuestras riquezas...[96]

En 1908, Muñoz Rivera señalaba que favorecía la ciudadanía norteamericana para Puerto Rico pero no sin la plenitud del derecho norteamericano.[97] Por otro lado, Herminio Díaz Navarro señalaba que prefería la estadidad, pero que en tanto se obtuviera la misma, favorecía para Puerto Rico la condición de territorio organizado.[98] Agustín Navarrete recordaba que el Partido Unión aceptaba cualquiera de las tres alternativas ya comentadas.[99] Mientras, como producto de una asamblea

95 Almaviva. "Crónica política", *La Democracia*, 30 de marzo de 1905, p. 3.

96 "Pedimos lo nuestro...", *La Democracia*, 3 de mayo de 1905, p. 2.

97 "Discurso de Muñoz Rivera", *La Democracia*, 31 de enero de 1908, p. 1.

98 "Discurso del señor Díaz Navarro", *La Democracia*, 12 de mayo de 1908, p. 2.

99 "Las tres soluciones", *La Democracia*, 23 de junio de 1908, p. 3.

del Partido, se comentaba también en ese año que:

La Unión cooperará, pues a que se cumpla pronto el ideal de la patria puertorriqueña, que es la autonomía en no importa cual de sus formas.[100]

Si bien estos comentarios eran diversos, al ser tomados en su totalidad, lo que se observa es el deseo de los unionistas de manejar "la cosa pública", de administrar el país, de obtener una autonomía que les permitiera "salvar nuestras riquezas". Nada más. Por otro lado, la confianza y la fe en Estados Unidos se mantenían vivas. La metrópoli continuaba siendo vista como "esa gran nación que nos cobija".[101] Durante 1904-08, *La Democracia* mantuvo la convicción de que eventualmente Puerto Rico sería escuchado y de que Estados Unidos cambiaría la situación del país.

En estos años, *La Democracia* continuó, además, haciendo frecuentes comentarios sobre algunos problemas económicos del país. La crisis de la agricultura tradicional, particularmente la del café, pasa a ser uno de los asuntos más discutidos en el periódico. Como se ha dicho, no es posible determinar si este clamor se debía a una presencia muy importante de los terratenientes cafetaleros en el Partido, o meramente a que éstos hubiesen sido el grupo más afectado después del 98; o que

100 "La Asamblea", *La Democracia*, 23 de enero de 1908, p. 1.
101 "Fe y esperanza", *La Democracia*, 16 de marzo de 1904, p. 4.

el mundo del café se hubiese convertido en un símbolo fundamental del tradicionalismo criollo, que los intelectuales del Partido Unión comenzaban a defender con más fuerza en estos años. Lo cierto es que, ya en 1904, la economía se describía muy dramáticamente como en estado de ruina:

> Es preciso que nos unamos para pedir á una sola voz las reformas necesarias y el término de nuestra ruina económica, que en el presente alcanza á un extremo funestísimo, donde jamás habíamos llegado.[102]

Poco después, en julio del mismo año, los directores de *La Democracia* le escribieron una carta abierta al gobernador Winthrop (entonces recién nombrado), describiéndole de la misma forma su visión de la situación económica del país:

> ...el estado económico de Puerto Rico no puede ser más angustioso al extremo de que nunca atravesó por una crisis parecida.[103]

En dicha carta se mencionaba que el comercio de Puerto Rico había declinado a la mitad de lo que había sido en 1877. Se expresaba, además, una gran preocupación por el sector cafetalero que había perdido sus mercados tradicionales a causa del

---

102 "Como aparece", *La Democracia*, 25 de enero de 1904, p. 2.
103 "Cartas al gobernador", *La Democracia*, 12 de julio de 1904, p. 2.

sistema tarifario norteamericano, reduciéndose
considerablemente las exportaciones de dicho producto. Se culpaba al Congreso de Estados Unidos
de no tomar medidas para ayudar al café. Estas
preocupaciones continuarían siendo comentadas
en el periódico frecuentemente. Se mencionaba
la necesidad de conseguir para el café acceso al
mercado norteamericano y otra ayuda, como se
contemplaba en el proyecto conocido como el empréstito, que obtenía el apoyo de los unionistas en
la Cámara de Delegados, pero que era detenido en
el Consejo Ejecutivo.

Es incuestionable que si nuestro principal producto es el café de la supremacía que éste llegue á
alcanzar en los mercados americanos, depende la
salvación de la isla, deben converger pues, á
ello, todos los esfuerzos, todas las iniciativas y todas las actividades de la región. Tal como el señor Luchetti indica en su artículo la forma en que
debe hacerse el empréstito, es como lo considera-
mos beneficioso al país. De esa manera, nuestra primordial riqueza alcanzaría una protección que realmente necesita, y que vendría á ser
de provecho general. De ese modo los terratenientes de café podrían sabiamente, levantar sus
fincas y ponerlas á salvo de una total desaparición y
con tales medios puestos en práctica, miles de bra-
ceros que se desesperan en la inacción, que les falta trabajo, podrían desde ese momento desafiar
al hambre, llevando a sus bohíos el necesario

alimento.[104]

En noviembre de 1906 se publicó en primera página un memorial del Banco Agrícola dirigido al Presidente Roosevelt, donde se comentaban las serias dificultades que confrontaba el café a nivel de mercado exterior:

> ...pero el hecho de que Puerto Rico como el resto de los Estados Unidos impone hoy la Tarifa Dingley á todos los productos europeos hace que todos los gobiernos de Europa retalien en los cafés de Puerto Rico imponiéndoles crecidos derechos de importación, de modo que los elevados precios á que se vende allá nuestro grano, sólo producen pingües entradas á los tesoros de aquellos países y no al productor puertorriqueño, quien al exportarlo para los mercados americanos, encuentra la competencia de las clases inferiores de otros países americanos que también entran allí libres de derechos.[105]

En enero de 1907, *La Democracia* recogió un pedido del Comité Local de la Asociación de Agricultores para que se protegiera al café del país:

> ...necesitamos imperiosamente un paliativo, porque nuestro mal es grande y estamos amenazados

---

104 Gladitore. "Comentando", *La Democracia*, 24 de febrero de 1905, p. 5.
105 "El café de Puerto Rico...", *La Democracia*, 22 de noviembre de 1906, p. 1.

Plantación de café.

*Miembros de la Cámara de Delegados y del Consejo
Ejecutivo reunidos en La Fortaleza.*

de una ruina total, si una mirada compasiva y una acción pronta y enérgica no se dirige a nosotros.[106]

Ese mismo año, José de Diego, Speaker de la Cámara e importante líder del Partido Unión, realizó un viaje a la metrópoli donde expresó repetidamente la necesidad de que el gobierno norteamericano protegiera el café puertorriqueño.[107] Pero, quizás una de las mejores descripciones de la situación de numerosos propietarios puertorriqueños, sobre todo cafetaleros, se encuentra en un artículo del *Washington Herald*, traducido y publicado en *La Democracia*, donde se comentaban unas declaraciones del Comisionado Residente, Tulio Larrínaga:

Un año antes que la Tarifa Dingley se hiciese extensiva á Puerto Rico, un huracán produjo grandes daños á los hacendados de café; pero la tarifa completó la obra de destrucción. Esto, no obstante, cuando se propuso por la Cámara de Delegados levantar un empréstito sobre el crédito de la isla para suministrar á los hacendados el Capital necesario para rehabilitar su industria, el Consejo Ejecutivo, cuya mayoría es siempre de americanos, puso su veto al proyecto.

106 "En favor del café...", *La Democracia*, 23 de enero de 1907, p. 5.
107 Véase, por ejemplo, "Por nuestro café", *La Democracia*, 5 de agosto de 1907, p. 2.

El resultado fué, según el señor Larrínaga, que la mayor parte de las pequeñas estancias de café han pasado á manos de los comerciantes y de los banqueros, habiendo sido vendidas para ocurrir á las necesidades más apremiantes de los estancieros, ó para el pago de contribuciones.

Mientras la industria del café está abatida, las plantaciones de azúcar y tabaco se han desarrollado en gran escala suministrando trabajo á las clases proletarias. Esto, no obstante, los beneficios procedentes de estas industrias salen de la isla para ir á llenar las arcas de los trusts de azúcar y tabaco de este país, [Estados Unidos] que están protegidas por nuestras tarifas contra la competencia extranjera, mientras gozan de los beneficios del libre cambio con nuestra dependencia de Puerto Rico.[108]

Pero en vano resultaron los lamentos y las apelaciones del Partido Unión y de *La Democracia*. El acceso al mercado norteamericano nunca se haría realidad. Los consumidores de Estados Unidos tenían una clara preferencia por el café suramericano, mientras que el Congreso, como se ha mencionado, no se interesó nunca en proteger, por medio de tarifas, el café de Puerto Rico que era más caro que los extranjeros. A nivel local, el Consejo Ejecutivo, que estaba bajo el control norteamericano y contaba además con el respaldo

108 "Alegato de Puerto Rico", *La Democracia*, 23 de marzo de 1907, p. 4.

de los miembros republicanos, se negó sistemáticamente a aprobar cierta legislación de la Cámara de Delegados (unionista) dirigida a ayudar a los agricultores.[109]

En este período de 1904 a 1908, se pueden encontrar también expresiones más frecuentes, aunque todavía ocasionalmente, que manifestaban un cambio en la visión social de *La Democracia*. Como se ha comentado antes, durante los últimos años de la dominación española, los criollos estaban en una posición de ascenso histórico y *La Democracia* reflejaba esta realidad expresándose con una visión social liberal, progresista, en lucha por los derechos del país y en oposición a instituciones españolas conservadoras. Como resultado de las transformaciones que siguen a la invasión norteamericana, la situación del Partido identificado con la mayoría de los sectores dirigentes puertorriqueños (Federal, luego Unión) va a cambiar, quedando éste en una situación defensiva, de relativa debilidad. Estas transformaciones aceleraron y profundizaron la división de "la gran familia puertorriqueña", que se había iniciado durante la dominación española. Como consecuencia, *La Democracia* comenzó a expresar resentimiento contra aquellos que se vieron como aliados de la dominación norteamericana o de los grupos dirigentes del Partido Republicano. Además,

109 Mariano Negrón Portillo. "Conflictos legislativos en Puerto Rico, 1905-1914", *La Toga*, X, 1 (1978), pp. 25-27.

el periódico comenzó a defender legados culturales
de un mundo pasado, tradicional, que iba quedando atrás debido a los procesos de cambio que
se daban en el país bajo la nueva dominación. Se
defendían legados tales como tradiciones y costumbres y los roles tradicionales de las mujeres.
Se defendía, también, a instituciones como la Iglesia Católica, que una década antes era conside-
rada conservadora, y al idioma español.

Respecto a aquellos que se veían como aliados
de la nueva situación colonial, el periódico ya
en años anteriores había apuntado a los estratos
más pobres y a los puertorriqueños negros; pero
de 1906 a 1908, los comentarios más frecuentes al
particular eran sobre el emergente proletariado
y el liderato obrero. El Partido Unión se sentía
muy preocupado por la propaganda y las acciones del movimiento obrero. A pesar de que dicho
movimiento no tuvo un gran número de afiliados
durante la primera década del siglo, sí estuvo muy
activo en estos años con diferentes actividades huel-
garias, particularmente la huelga de 1905 en la región cañera del sur del país. Y los terratenientes
cañeros parecen haber tenido una considerable
presencia en el liderato del Partido.[110] Unos años
después, la Cámara de Delegados, bajo control

110 En un importante artículo del propio periódico de 1908 se
deja ver claramente la presencia de grandes terratenientes de caña entre los delegados unionistas en la Cámara de Delegados. Se señalaba
en dicho artículo que:
La Unión de Puerto Rico no sólo oye a la clase agrícola, no sólo

unionista, aprobaría legislación anti-obrera para proteger los intereses de los terratenientes de caña.

La Democracia, además de oponerse a las ideas socialistas, criticó duramente en varias ocasiones a Santiago Iglesias, líder del movimiento obrero, por haber divulgado en el país dichas ideas o "doctrinas que constituyen una enfermedad en los países."[111] Se señalaba también que Iglesias era antipatriótico y que:

Sin mentores advenedizos como Iglesias, el problema del trabajo y el capital, hemos de resolverlo nosotros.[112]

Por razones obvias, La Democracia se oponía

cambia con ella impresiones; no sólo no la manda a callar, ni la priva del favor político, sino que la toma en sus múltiples representaciones y con ella constituye más de la mitad de sus Cámaras, dándole brillante mayoría.

Aquí está la prueba. Son delegados á la Cámara Unionista como agricultores los señores Giorgetti, Lluveras, Delgado, Arrillaga y Méndez Cardona, productores de caña, además de los señores Blondet y Virella que representan con los primeros á dicho ramo y con el señor Usera a la ganadería.

Los señores Sola, Trelles y Larrauri, productores de café.

Luego se mencionaba a varios profesionales que eran a su vez "grandes agricultores con cuantiosos intereses" como De Diego, Vías Ochoteco, Barreras, Santoni y Zeno Gandía. Se señalaba además que:

Esa mayoría agricultora es la que tiene en sus manos la defensa de los intereses del país, en unión a los señores Barceló, Vivaldi y Santiago, que representan al comercio junto al señor Acuña.

Véase "La Cámara Unionista —Predominio de las clases agrícolas y mercantilista— Hechos y no palabras —Diez y ocho representantes de la agricultura", 17 de julio de 1908, p. 2.

111 "El pobre Iglesias", La Democracia, 17 de abril de 1909, p. 3.
112 Ibid.

a las ideas socialistas y consideraba que los problemas entre el capital y el trabajo debían resolverse sin la "interferencia" de líderes como Iglesias cuya labor había servido para acelerar los procesos de organización obrera. No es difícil entender, además, por qué el periódico acusaba a Iglesias de antipatriótico. Sucede que Iglesias no era un patriota como los líderes del Partido Unión ya que estaba dedicado a luchar por los intereses de los trabajadores y no por la patria de los grandes propietarios puertorriqueños.[113] Además, se trataba de unos trabajadores que para colmo de los unionistas parecían, en ese momento (1906), apoyar electoralmente a los republicanos. En una ocasión, comentando unos sucesos se señalaba que:

> Lo que ocurrió después de terminado el meeting unionista, es lastimoso, para los socialistas de Iglesias, y mucho más para los republicanos. Unos y otros confundidos, con Santiago á la cabeza subieron por la cuesta de la Amargura ó la calle de San Francisco dando vivas únicamente al Partido Republicano.[114]

Además de censurar a aquellos que se veían como enemigos, *La Democracia* se dedicó más frecuentemente en estos años a mirar al pasado. Un

113 Véase del mismo Iglesias. *Gobierno propio ¿para quién?*, San Juan, 1907.
114 G. Atiles García. "Punto y aparte...", *La Democracia*, 19 de octubre de 1906, p. 2.

mirar hacia varios legados de la dominación española que pasaron a convertirse en un refugio e instrumento para oponerse a los cambios ideológicos producidos por el colonialismo norteamericano. Si bien el periódico hizo comentarios favorables a la "americanización" del país, este proceso se entendía como la obtención de mayores libertades políticas y desarrollo económico. La otra "americanización", la que significaba la penetración rápida y abierta en Puerto Rico de una nueva ideología dominante, era rechazada por el periódico. Se va a defender entonces el catolicismo contra el protestantismo, a las costumbres tradicionales puertorriqueñas frente a la "erosión" cultural, a los roles tradicionales de las mujeres, a España y al idioma español contra la imposición del inglés.

En el período de 1904 a 1908 se destaca, sobre todo, la defensa de ciertas tradiciones. Fue Vicente Palés quien mejor expresó esta posición cuando comentaba, recordando al gran músico puertorriqueño Juan Morel Campos, que:

> Tras unos días irán viniendo otros días: irán pasando uno tras otro los años con su séquito de dolores para este pobre pueblo de Puerto Rico, corroído por una política fraticida, que es una fisis, y amenazado de una absorción más o menos rápida, pero fatal é irremediable; al ardiente y pomposo idioma de Castilla... irá sustituyendo poco á poco el frio y descarnado idioma inglés... esta Borinquen que tanto amamos, se irá borrando, esfumándose poco a poco con sus tradiciones y

costumbres... pero en tanto viva en nosotros el recuerdo de [Morel] Campos y entre el estruendo del 'two-steps'' viva la queja peregrina y doliente de una de sus danzas hemos de caer (nosotros y nuestros descendientes) de rodillas gritando viva Puerto Rico...[115]

Erosión cultural ésta que afectaba también a las mujeres puertorriqueñas, lo que no parecía gustar mucho al periódico:

Díganlo sin ambajes las borincanas: ¡abajo con las modas americanas! Y; arriba con las rubias y las trigueñas, pero con sus costumbres puertorriqueñas.[116]

Pero poco podían hacer *La Democracia* y los unionistas frente a esta situación de cambio. Como consecuencia de las transformaciones que ocurrían en el país, los roles tradicionales de las mujeres se veían afectados. Diferentes procesos que afectaban a la mujer y al hombre estaban ocurriendo, como movimientos migratorios y cambios en la estructura ocupacional, los cuales se reflejaban a un nivel superestructural alterando diferentes formas de interrelación social como, por ejemplo, el tradicional hogar patriarcal.

115 "Juan Morel Campos", *La Democracia*, 11 de mayo de 1907, p. 2.
116 Persio. "Las modas americanas", *La Democracia*, 9 de octubre de 1905, p. 2.

Otro aspecto de nuestra cultura que *La Demo-cracia* también defendió durante este período, particularmente en 1908, fue el idioma español. Obviamente, la substitución del español por el inglés, como intentaron imponer en Puerto Rico los norteamericanos, hubiera sido una experiencia muy difícil y dolorosa para la generación o las generaciones de puertorriqueños que, habiendo formado su cultura con un idioma, se hubiesen visto forzados a aceptar otro como primera lengua. Entre los comentarios que hizo el periódico al respecto, uno de los más interesantes se refiere a los puertorriqueños que se educaban en Estados Unidos y que luego regresaban a Puerto Rico altamente influenciados por la cultura norteamericana y prefiriendo el idioma inglés. Esta "americanización" de no pocos puertorriqueños, generalmente de sectores medios o terratenientes, que había comenzado ya en circunstancias diferentes en el siglo diecinueve, se va a agudizar a comienzos del siglo veinte. La misma, obviamente resultó muy desagradable para aquellos puertorriqueños que encontraban en el hispanismo un refugio ante una situación colonial que los subordinaba:

Y estos fanáticos que quieren que olvidemos el castellano y aprendamos el inglés; que bailemos two steps en vez de danzas, que comamos Force y Oats, critican á los puertorriqueños hijos de españoles criados en la península; porque siguen amando a España y predicando sus costumbres.[117]

La amargura, 1909-1911

En el período siguiente, de 1909 a 1911, *La Democracia* se caracterizó, particularmente, por su desilusión, por una visión más amargar de la realidad puertorriqueña, lo que parece apuntar a la creciente inconformidad de los sectores dirigentes del Partido Unión. Durante estos años encontramos comentarios más sistemáticos, adjudicándole a Estados Unidos la responsabilidad por la situación de desplazamiento económico, político e ideológico de los dirigentes del Partido. Se ponía fin de esta manera, a la visión generalmente positiva que tradicionalmente se había tenido de la metrópoli. Decía el periódico en 1909, que si bien Puerto Rico había sido una colonia de España, ya para ese tiempo había pasado a convertirse en una factoría de Estados Unidos:

Si con España fuimos colonia eso no justifica que con Estados Unidos seamos FACTORIA. Unamos todos nuestros esfuerzos para salir de este estado de esclavitud y constituirnos en nación libre.[118]

117 A. Navarrete. "Los fanáticos", *La Democracia*, 1ro. de julio de 1908, p. 1.
118 Mariano Abril. "Aclamaciones", *La Democracia*, 5 de agosto de 1909, p. 1.

Apreciación esta que se repite en otras ocasiones, como ocurre en 1911:

> Y así resulta Puerto Rico factoría, simple factoría en explotación; trampa de mendicantes que solicitan á modo de limosna, su derecho, grey de tributarios...[119]

Por otro lado, se comentaba que los norteamericanos que venían a Puerto Rico no desarrollaban un sentido de identificación con el país:

> Los americanos vienen al país con sus familias ya creadas, y tan pronto realizan sus aspiraciones regresan a su patria, que les brinda más placeres y mayores encantos que la nuestra. Los que vienen solteros —con muy raras excepciones— no se unen con las hijas del país; no forman hogar puertorriqueño ni familia puertorriqueña; en una palabra no conviven con nosotros.[120]

Comentarios éstos que bien reflejaban la reconsideración que durante 1909 a 1911 expresaba *La Democracia* en relación a España. Vemos así cómo el periódico comenzaba a mirar de manera positiva a algunas instituciones o legados españoles, que en el pasado había criticado o combatido, para usarlos como instrumentos ideológicos en

119 "Olvidado", *La Democracia*, 1ro. de febrero de 1911, p. 1.
120 "Crónica —solidaridad puertorriqueña", *La Democracia*, 15 de marzo de 1911, p. 2.

su oposición al colonialismo cultural norteamericano. *La Democracia* llegó hasta expresar preocupación por la situación del clero católico y por el deterioro que sufrían algunos de sus templos.[121] Irónicamente, éste era el mismo clero que el periódico había criticado por razones ideológicas durante los últimos años de la dominación española. Pero ahora las circunstancias eran diferentes. La penetración en el país del protestantismo, que se convertiría en un instrumento de dominación,[122] llevó a *La Democracia* a considerar al catolicismo como un legado que al menos quedaba relativamente fuera del control norteamericano. Se decía, además, que España había tenido hacia Puerto Rico un mayor sentido de solidaridad que el demostrado por Estados Unidos.[123] Los mismos comentarios se hacían respecto a los nacionales de ambos países que residían en Puerto Rico.[124] En otras palabras, *La Democracia*, órgano de los despechados unionistas, se encontraba en la posición de tener que señalar que de la dominación española le quedaba al país algo más que "el recuerdo de sus dolores" como se decía en 1898, poco después de la invasión.

121 "Al país católico", *La Democracia*, 5 de agosto de 1909, p. 2.

122 Véase Emilio Pantojas García. "La iglesia protestante y la americanización de Puerto Rico, 1898-1917", *Revista de Ciencias Sociales*, XVIII, 1-2, (1974), pp. 97-122.

123 "El proyecto de reforma", *La Democracia*, 9 de febrero de '910, p. 1.

124 Mariano Abril. "Crónica —El sistema colonial", *Lι Democracia*, 15 de marzo de 1911, p. 2.

En 1909, *La Democracia* continuó su defensa del idioma español frente a la imposición del inglés. En una ocasión se señalaba que la gente podía resistir dicha imposición rehusándose a enviar a los niños a las escuelas mientras se les educara en inglés. Se indicaba además:

> Lo que sí sabemos es que el invasor, contra todo derecho humano y divino, trata de arrebatarnos nuestro idioma, y que el pueblo puertorriqueño, dócil y sumiso, se somete á esa ignominia.[125]

Ese mismo año se criticaba a varias juntas escolares por tener el propósito de solicitar más escuelas de inglés, mientras se carecía de escuelas de español. Se mencionaba, además, que si el problema del idioma continuaba, el español de Puerto Rico se convertiría en una jerga:

> ...al paso que vamos nuestro hermoso y rico idioma se convertirá en una especie de jerga como la que se habla por el pueblo en California, Nuevo México, Tejas y demas Estados y Territorios de origen español.[126]

En esos años el periódico continuaba también haciendo las duras, tradicionales y muy frecuentes

---

125 "Pro patria laboremus", *La Democracia*, 5 de noviembre de 1909, p. 3.

126 "Deber patriótico", *La Democracia*, 15 de noviembre de 1909, p. 1.

críticas a los republicanos. En 1909, se censuraba al Consejo Ejecutivo por no darle su aprobación a medidas importantes de la Cámara de Delegados, como el empréstito, la condonación de deudas a pequeños propietarios[127] y la creación del banco agrícola.[128] No obstante, se continuaba defendiendo la importancia de conseguir la unidad de los puertorriqueños y se mantenía la tradicional posición ante la situación política del país. En general, seguía prevaleciendo el objetivo de administrar el país dentro del sistema político de Estados Unidos. Se hablaba de gobierno propio bajo cualquier fórmula que seleccionara el Congreso,[129] o el estado o la autonomía, para edificar "la independencia de la patria", como pedía Muñoz Rivera.[130]

En cuanto a los aspectos económicos, *La Democracia* continuaba denunciando los mismos problemas tradicionales: las dificultades del sector cafetalero,[131] la falta de ayuda del gobierno federal para el café puertorriqueño en el mercado europeo,[132] la necesidad del banco agrícola[133] y la

127 "Discurso del Hon. Tulio Larrinaga", *La Democracia*, 30 de enero de 1909, pp. 2-4.

128 "Correo de Nueva York", *La Democracia*, 19 de julio de 1910, p. 1.

129 Marcial. "Consideraciones", *La Democracia*, 23 de marzo de 1910, p. 1.

130 "Cartas de Washington", *La Democracia*, 11 de noviembre de 1911, p. 1.

131 "Ante el problema", *La Democracia*, 5 de marzo de 1909, p. 1.

132 "Metropolitanas", *La Democracia*, 15 de abril de 1909, p. 2.

133 "Correo de Nueva York", *La Democracia*, 19 de julio de 1910, p. 1.

necesidad de ampliar los mercados para los productos puertorriqueños:

> Mercados, mercados y mercados: he ahí la única solución de nuestro problema económico. Nadie puede negar que con el cambio de soberanía perdimos lo que habíamos adquirido para nuestros frutos, entregándonos atados de manos al colono americano, que se ha convertido en nuestro único mercado, aprisionándonos con sus tentáculos á su omnímoda voluntad. Toda gestión que realicemos para obtener la libertad comercial, será patriótica y salvadora para el país.[134]

Pero la consecución de otros mercados era detrimental para el colonialismo norteamericano y no se le permitiría a Puerto Rico.

El grito independentista, 1912-13

La visión amarga de la realidad puertorriqueña y el sentido de desilusión respecto a los Estados Unidos que se observa en el periódico más frecuentemente entre 1909 y 1911, tuvo su desarrollo pleno durante 1912 y 1913. Desde 1912, tanto el Partido Unión como el periódico van a ir asumiendo posiciones soberanistas. Si bien, en 1912 el periódico sigue defendiendo generalmente la autonomía como alternativa preferida, ya en 1913 el

---

134 Mariano Abril. "El problema puertorriqueño", *La Demo-*
.racia, 12 de octubre de 1909, p. 2.

mismo se va a caracterizar claramente por sus expresiones casi continuas en favor de la independencia de Puerto Rico. Estas expresiones se hacían casi siempre desde una perspectiva patriótica, defendiendo el derecho a la libertad, etc., sin embargo, José de Diego se ocupó de justificarla también desde el punto de vista económico. El líder del sector independentista del Partido Unionista se expresaba de la siguiente manera:

> ...el gobierno independiente de Puerto Rico no es más caro que el régimen actual: Puerto Rico, bajo un gobierno soberano puede cubrir con holgura todos los gastos de su Tesoro con el único ingreso de las aduanas, y a lo sumo con una levísima tributación adicional indirecta, prosperidad económica de Puerto Rico bajo un gobierno independiente...[135]

La Democracia comenzó, además, a hacer expresiones a favor de la ciudadanía puertorriqueña y en contra de la ciudadanía de Estados Unidos, que por largo tiempo había sido una importante aspiración de varios líderes e intelectuales unionistas. Por ejemplo, el 25 de julio se comentaba lo siguiente:

Queremos ser ciudadanos puertorriqueños, por-

---

[135] "Puntos de estudios —la independencia de Puerto Rico en su aspecto económico", *La Democracia*, 28 de agosto de 1913, p. 2.

que es nuestra convicción más firme, que no habrá seguro bienestar ni posible felicidad para nuestro pueblo fuera de su independencia política y económica.

No queremos ni debemos ser ciudadanos americanos...[136]

Si bien la posición del periódico a favor de la independencia fue clara, la situación en el Partido era algo distinta. El periódico parece haber servido de órgano al grupo de más visibilidad en un notable debate interno que tenía lugar en el Partido. A pesar de que este grupo, bajo el liderato de De Diego, logró imponer la independencia como aspiración del Partido, la misma quedó formalmente como una aspiración eventual. La "victoria" del sector independentista era una sin futuro. La fuerte oposición de los grupos conservadores y de Muñoz Rivera forzaron a los primeros a aceptar una declaración a favor de la independencia como etapa final de un proceso que contemplaba la autonomía como primera etapa. De esta manera, la independencia quedaba para un momento futuro, que nadie sabía cuando llegaría.[137]

136 Gladiatore. "Ciudadanos sí, pero puertorriqueños", *La Democracia*, 25 de julio de 1913, p. 2.

137 El estudio de los grupos que defienden distintas posiciones políticas en el Partido Unión es fundamental para el conocimiento de los desarrollos históricos en las primeras décadas del siglo. ¿Quiénes eran los independentistas, los autonomistas, los anexionistas? ¿Cuál era la posición de los profesionales, de los comerciantes, de los

LA COMISION PATRIOTICA EN WASHINGTON.
D. Cayetano Coll y Cuchí.   D. Luis Muñoz Rivera.

Año I.   San Juan, P. R. Marzo 13 de 1910.   No. 2.

De vuelta a la autonomía, 1914

En 1914, los comentarios que sobre la condición política del país aparecen en *La Democracia* corresponden generalmente a la posición oficial del Partido Unión. Se defendía la aspiración de autonomía, aunque como etapa transitoria. Se le veía como una forma de gobierno transitorio,[138] como la solución "más inmediata y factible" que eventualmente terminaría en la independencia.[139] Esa era la posición aparente de Muñoz Rivera, quien decía favorecer la ciudadanía puertorriqueña, el gobierno propio y como finalidad la independencia,[140] aunque por otro lado señalaba que la independencia al igual que la estadidad, eran sueños.[141] El viejo líder, como buen portavoz de los grupos más conservadores y poderosos del Partido, se movía muy cautelosamente hacia la posición política anterior (autonomista), que a pesar de todos los "desengaños", era la que más se adecuaba a una organización pluralista la cual, sobre todo, representaba a unas clases y sectores sociales que mostraban en su mayoría, una rela-

terratenientes de caña y los cafetaleros? La contestación a preguntas como éstas permitirá un acercamiento más preciso a la realidad.

138 "Debía hablar", *La Democracia*, 4 de diciembre de 1914, p. 1.

139 "La minoría republicana", *La Democracia*, 26 de noviembre de 1914, p. 1.

140 "Puerto Rico en Washington", *La Democracia*, 9 de febrero de 1914, p. 1.

141 *Ibid.*

tiva debilidad material frente a una metrópoli cada vez más poderosa y una situación de creciente "desunión" en el país. Los unionistas, por lo tanto, permanecían imposibilitados de abrazar ideologías radicales, quedando atrapados en el regateo y el acomodo político. Además, se refugiaban en el pasado cultural y adoptaban un reformismo conservador, defensivo y angustiado.

*La composición tipográfica
de este volumen se realizó
en los talleres de
Ediciones Huracán, Inc.
Ave. González 1002
Río Piedras, Puerto Rico.
Se terminó de imprimir el
día 15 de diciembre de 1981 en
George Banta Co.
Virginia, U.S.A.*

*La edición consta de
2,000 ejemplares*